KB125497

# 디지털 비즈니스의 미래

# THE FUTURE OF
# DIGITAL

**4차 산업혁명** 시대의 **플랫폼** 혁신 전략

# BUSINESS

# 디지털 비즈니스의 미래

이성열 · 양주성 지음

4차 산업혁명의 핵심을 디지털 혁신으로 정리하고, 디지털 혁신을 통한 새로운 산업과 기업의 등장을 생생한 사례를 통해 확인할 수 있다는 점이 이 책의 강점이다. 자본주의 이후의 시대인 지식 사회를 이끌어갈 기업 경영의 미래 모습에 관심이 있는 독자들에게 이 책을 추천한다.

남승우 풀무원 고문, 창업자

많은 스타트업이 플랫폼 모델의 구체적 이해 없이 경험만으로 사업을 시작한다. 플랫폼 모델의 구체적인 유형과 사례를 제시하는 이 책은 스타트업 경영자나 창업을 꿈꾸는 젊은이들이 꼭 읽어야 하는 비즈니스 지침서다.

김태훈 레이니스트(뱅크샐러드) 대표, 창업자

디지털 혁신과 플랫폼 모델은 기업들이 가장 많은 관심을 가지고 컨설팅을 받는 주제다. 국내외에서의 다양한 컨설팅 경험을 바탕으로 플랫폼 비즈니스 모델을 명쾌하게 정의한 이 책을 컨설턴트나 컨설팅을 꿈꾸는 분들에게 추천한다.

최영상 A.T. Kearney Korea 회장

디지털 혁신을 감행해야 하는 전통 기업의 경영인들에게 방향성을 던져주는 안내서다. 저자가 필드에서 경험한 생생한 체험을 바탕으로 기업의 변화와 혁신의 방향성을 제시한다.

김원 삼양그룹 부회장

디지털 혁신으로 데이터의 시대가 열리면서 플랫폼 기반 스타트업이 계속 등장하고 있다. 스타트업에서 경험 위주로 플랫폼을 운영하는 분들에게 인사이트 정리의 기회를 제공하는 책이다.

이석우 두나무 대표, 전 카카오 대표

디지털 혁신과 플랫폼 모델을 활용한 기업 경영 혁신의 다양한 사례를 통해서 기업의 미래 경영 혁신의 방향성을 잘 설명해준다.

형원준 두산 사장

# 데이터 시대에
# 미래 기업의 모습을 내다보며

2007년 애플이 아이폰을 세상에 내놓으면서 시작된 디지털 혁신은 IT 산업을 완전히 바꾸어놓았다. 모바일과 클라우드의 만남을 시작으로 인공지능, IoT, 블록체인, 빅데이터 등으로 대표되는 디지털 기술들이 급속하게 전 세계로 확산되면서 혁신의 시대를 열었다. 디지털 혁신은 이제 IT 산업을 넘어서서 제조업과 서비스업 등 다른 모든 산업의 혁신을 가속화하고 있다. 산업계에서는 이와 같은 움직임을 '4차 산업혁명', '디지털 전환', '인더스트리 4.0' 등 여러 용어로 설명하고 있다. 디지털 혁신을 통한 기존 산업계의 창조적 파괴는 지금도 세계 곳곳에서 빠른 속도로 진행 중이다.

　미국 실리콘밸리를 중심으로 디지털 혁신이 일어나는 2008년에서 2011년에 이르는 동안 필자는 IBM 컨설팅의 글로벌 전자 산업 리더로 IBM 뉴욕 본사에서 근무했다. 변화의 중심에서, IT 산업 혁신의 당사자 중의 하나로서, 디지털 혁신을 통한 새로운 비즈니스 모델들의 출현을 가까이서 지켜보았다. 2007년 미국에서 시작된 디지털 혁신은 그 후 10년 동안 급속하게 전 세계의 기업 경영 환경을 변화시키며 새로운 비즈니스 모델들을 탄생시켰다. 그 중심에는 데이터를 중심으로 하는, 한계비용이 '0'에 가까운, '디지털 플랫폼 모델'이 있었다.

'변화와 혁신'은 필자가 2006년과 2017년에 출간한 두 권의 책을 관통하는 키워드다. 이 키워드들이 무엇보다 중요하다는 생각에는 여전히 변함이 없다. 과거 한국 기업들은 빠른 추격자Fast Follower 전략을 펼치면서 프로세스 혁신에 좀 더 편중했다. 그러나 디지털 혁신은 데이터의 시대를 열었다. 데이터의 시대에 많은 기업이 디지털 혁신을 통해 새로운 사업을 전개하면서 창의적인 혁신을 계속하고 있는데, '디지털 플랫폼 모델'이 대표적이다. 많은 스타트업은 디지털 플랫폼 모델을 무기로 급격한 성장을 계속하고 있다.

디지털 플랫폼 모델은 '디지털'과 '데이터', 그리고 '플랫폼'이 결합된 비즈니스 모델로, 전통적인 가치사슬 모델과 비교될 수 있다. 미래의 기업은 필연적으로 가치사슬 모델과 데이터 중심의 디지털 플랫폼 모델을 동시에 가지게 된다. 이러한 복잡한 기업을 운영하고 빠르게 변화하는 시장에 민첩하게 대응하기 위해서는 디지털 기술을 이용하여 기업을 지능화해야 한다.

우리가 앞으로 목도하게 될 미래 기업의 모습을 다음과 같이 요약할 수 있다. 첫째, 미래 기업은 글로벌하고 전문화된 가치사슬 모델을 가지고 있다. 둘째, 미래 기업은 데이터 중심의 디지털 플랫폼 모델을 확보했다. 셋째, 미래 기업은 변화에 빠르게 반응하는 지능 체계를 갖추고 있다. 그리고 이러한 세 가지 특징을 가지고 있는 기업을 '지능 기업'이라고 한다.

디지털 기술의 폭발적인 발전 때문에 가까운 미래에 디지털 플랫폼 모델이나 지능 체계로 무장되지 않은 전통 기업은 도태될 수밖에 없다. 가까운 미래가 언제일지는 정확히 알 수 없다. 하지만 혁신은 이미 시작되었고 변화는 필연적이다. 미래에 우리가 보게 될 기업의 대부분은 지능을 가지고 있는 디지털 플랫폼 모델을 가지고 있을 것이다. 가치사슬 모델만 가지고 있는 전통 기업은 모두 사라지게 될 것이다.

디지털 혁신과 데이터의 시대에 기업들은 완전히 새로운 경영 환경을 맞게 되었다. '변화와 혁신'이 단순히 지속적인 성장을 위한 활동이 아니라 생존을 위한 필수 조건이 된 것이다. 디지털 혁신은 데이터의 시대를 열었다. 새로운 데이터의 시대에서 전통 기업은 생존하기 위해서 빠르게 지능 기업으로 변화해야 한다. 이것이 이 책의 골자다. 새로운 경영 환경에 처한 전통 기업들, 그리고 많은 젊은이들이 꿈꾸며 열정을 쏟고 있는 스타트업들에게 이 책이 성공의 가능성을 열어주는 지침이 되길 바란다.

SAP Korea 대표이사 사장

이성열

# CONTENTS

추천사                                                                            4

PROLOGUE     데이터 시대에 미래 기업의 모습을 내다보며                             6


## PART 1 | 디지털 혁신의 시대, 새로운 기업 모델이 필요하다

CHAPTER 1 | 2008년, 미국 뉴욕                                                   15

CHAPTER 2 | 디지털 혁신과 디지털 플랫폼 모델의 부상                             18

CHAPTER 3 | 기업은 여전히 혁신을 통해서 성장한다                                23

CHAPTER 4 | 스타트업과 전통 기업, 비즈니스 모델의 충돌                          26

CHAPTER 5 | 디지털 서비스 플랫폼과 디지털 비즈니스 플랫폼                       34

CHAPTER 6 | 전통 기업의 디지털 혁신                                            40

CHAPTER 7 | 데이터의 시대, 지능 기업의 등장                                     50


## PART 2 | 디지털 플랫폼 모델이 떠오른다

CHAPTER 1 | 디지털과 데이터와 플랫폼, 그 창의적인 만남                          59

CHAPTER 2 | 디지털 플랫폼 모델의 체계적인 프레임                                62

CHAPTER 3 | 디지털 플랫폼 모델의 다양한 모습                                    72

CHAPTER 4 | 디지털, 데이터, 네트워크, 그리고 고객                               82

**PART 3** 디지털 플랫폼 기업 경영자와의 인터뷰

CHAPTER 1 | 국내 최초 데이터 기반 돈 관리 플랫폼, 뱅크샐러드 | 97
CHAPTER 2 | 쌍방향 소통으로 명상의 세계를 넓힌 마보 | 107
CHAPTER 3 | 맞춤형 학습 지원 플랫폼, 구루 | 118
CHAPTER 4 | 디지털 서비스 플랫폼으로 신뢰감을 높인 두산중공업 | 127
CHAPTER 5 | 에듀테크 시장을 선도하는 웅진씽크빅 | 135
CHAPTER 6 | 고객사의 디지털 전환을 돕는 디지털 플랫폼 기업, SAP | 144

**PART 4** 지능 기업이 비즈니스 세계를 리딩한다

CHAPTER 1 | 지속적인 과제, 기업 전문화 | 155
CHAPTER 2 | 끊임없이 이어지는 세계화의 물결 | 165
CHAPTER 3 | 기업의 미래 모습, 지능 기업 | 176
CHAPTER 4 | 데이터 혁신의 시대와 가속화되는 산업 융합 | 181

**PART 5** 기업과 경영 혁신, 어떻게 준비할 것인가

CHAPTER 1 | 미래를 향한 여행의 시작과 혁신의 역할 | 191
CHAPTER 2 | 혁신의 정의와 사회적 의미 | 193
CHAPTER 3 | 기업과 경영 혁신의 과제 | 196
CHAPTER 4 | 프로세스 혁신의 과제 | 203
CHAPTER 5 | 현재와 미래, 기업의 변화와 혁신 | 209

EPILOGUE | 지능 기업으로 리셋하고 성장하라 | 215
참고문헌 | | 217

PART I

# 디지털 혁신의 시대, 새로운 기업 모델이 필요하다

2007년 애플 아이폰의 탄생으로 시작된 디지털 혁신은 데이터의 시대를 열었다. 데이터의 시대에 떠오른 비즈니스 모델은 데이터를 중심으로 하는, 한계비용이 0에 가까운 '디지털 플랫폼 모델'이다. 디지털 플랫폼 모델은 '디지털'과 '데이터', 그리고 '플랫폼'이 결합된 비즈니스 모델로 전통적인 가치사슬 모델과 비교될 수 있다. 한계비용이 0에 가깝고 고객이 상품이나 서비스 설계에 직접 참여 할 수 있는 장점을 가지고 있는 디지털 플랫폼 모델로 무장한 스타트업들은 폭발적인 성장을 이루어내고 있다. 미래 기업은 필연적으로 가치사슬 모델과 디지털 플랫폼 모델을 같이 가지게 된다. 디지털 기술의 폭발적인 발전 때문에 가까운 미래에 우리가 알게 될 대부분의 기업들은 지능을 가지고 있는 디지털 플랫폼 모델을 가지고 있을 것이다. 데이터의 시대에서 미래로의 혁신은 이미 시작되었다.

# CHAPTER 1

# 2008년, 미국 뉴욕

필자는 2008년부터 2011년까지 IBM 컨설팅의 글로벌 전자 산업 리더로 미국 IBM 뉴욕 본사에서 근무했다. 글로벌 전자 산업 리더의 주요 업무 중 하나는 매년 두 번 경영 계획을 수립하는 것이다. 가을에는 차년도 경영 계획을, 봄에는 향후 3년간 IT 산업 전략을 수립한다. IT 산업 전략을 수립할 때에는 향후 3년간의 기술과 시장을 예측하여 사업 계획을 세우는 것이 주요한 업무다.

필자가 뉴욕에 있었던 이때는 경영 환경이 급변하던 시기였다. 2008년 9월 리먼 브라더스의 부도로 시작된 금융위기가 전 세계 시장을 덮친 이후, 기업들은 급변하는 세계 경제와 사업 환경에 무방비로 노출됐다. 한편으로는 2007년부터 미국의 실리콘밸리에서 디지털 혁신이 시작되자 기업들은 전혀 새로운 경영 환경에 놓였다. IT 기술의 발전이 세계를 어떻게 바꾸는지를 얘기했던 책인 『세계는 평평하다World is Flat』의 작가로 유명한 토머스 프리드먼은 그의 최근 저서 『늦어서 고마워Thanks for being Late』에서 "2007년은 아이폰이 탄생했고 페이스북이 하버드대를 벗어나 전 세계로 확산되었고, 또한 아마존의 클라우드 컴퓨팅이 시작되고 '에어비앤비'가 만들어졌는데 무엇보다도 이와 같은 변화가 동시다발적으로 일어났다"며 디지털 혁신으로 인한 가속의 시대가 2007년에 시작되었다고 이야기한다.

당시 우리는 IT 산업의 전문가들로 팀을 구성하고 전략을 짜면서 급격한 변화를 빠르게 예측하고자 노력했다. 우리는 안드로이드, 애플, 블랙베리, 노키아의 심비안과 미고, 마이크로소프트 등 많은 IT 기업에서 출시한 다양한 스마트폰의 운영 소프트웨어 중에 누가 승자가 될 것인가를 놓고 씨름을 벌였다. 클라우드 컴퓨팅과 IoT 기술이 가전 기기에 어떻게 적용될 것인지를 논의했고, 인공지능 기술과 빅데이터가 기업에 어떻게 적용될 수 있는가를 두고 머리를 싸맸다. '콜럼버스의 달걀'과 같이 지금은 뚜렷해진 많은 디지털 기술이 그 당시에는 분명해 보이지 않았다. 우리뿐 아니라 많은 전문가가 아마존이 클라우드 컴퓨팅 분야에서 이토록 급격한 성장을 이룰지, 우버나 에어비앤비 같은 공유경제 기반의 디지털 플랫폼 모델이 이렇게 빨리 기존 산업을 뒤흔들지 그때는 예측하지 못했다.

우리는 미국을 중심으로 한 '가속의 시기'의 한복판에 있었고, IT 산업에서 일어나는 혁신을 직접 경험하면서 디지털 혁신이 기업 환경을 바꾸고 새로운 기회와 위협을 줄 것이라는 확신을 가졌다. 그러나 그것이 데이터를 중심으로 하는, 한계비용이 '0'에 가까운 '디지털 플랫폼 모델'을 중심으로 일어나고 있음을 알게 된 것은 몇 년 후의 일이었다.

　2007년 미국에서 시작된 디지털 혁신은 그 후 10년 동안 전 세계 기업의 경영 환경을 급속히 변화시키며 완전히 새로운 비즈니스 모델들을 탄생시켰다.

# CHAPTER 2

# 디지털 혁신과
# 디지털 플랫폼 모델의 부상

2007년 애플이 아이폰을 세상에 내놓으면서 소프트웨어 플랫폼 전쟁을 일으켰다. 플랫폼 전쟁은 정보 기술과 결합해 디지털 혁신을 이끌었다. 모바일, 클라우드, 빅데이터, 인공지능, 블록체인, 가상현실 등 최근 산업계를 지배하고 있는 디지털 기술의 배경에는 디지털 혁신이 자리하고 있다.

디지털 혁신을 세상에 알린 기업은 애플이다. 애플이 앱스토어와 스마트폰을 내놓은 뒤 휴대전화 업계의 패러다임은 기기에서 소프트웨어 플랫폼으로 옮아갔다. 변화에 적응하는 속도는 기업의 운명을 갈랐다. 삼성전자는 구글의 스마트폰 운영체제 안드로이드와 손잡고 변화하는 시장 환경에 빠르게 적응하며 성장했다. 한편, 휴대전화 시장의 전통 강자였던 핀란드의 노키아와 미국의 모토로라는 변화에 적응하지 못해 도태되었고 끝내 역사의 뒤편으로 사라졌다.

다른 한편에서는 커머스의 강자였던 아마존이 직접 IT 산업에 뛰어들면서 클라우드 컴퓨팅을 시작했다. 스마트폰과 클라우드 컴퓨팅의 등장은 빅데이터, 인공지능, 블록체인 등 새로운 기술 혁신과 맞물리면서 디지털 혁신을 가져오게 되었다. 디지털 혁신은 IT 산업의 판도를 뒤엎었다. 전통 IT 기업들이 쇠퇴하고 아마존, 구글, 페이스북 등 신흥 강자를 중심으로 새판이 짜였다.

디지털 혁신은 IT 산업을 넘어 제조업, 유통업 할 것 없이 모든 산업을 재정의하고 있다. 디지털 혁신이 기업의 새로운 가치를 창출하고, 세계 경제를 견인하는 새로운 변화의 축으로 부상한 것이다. 디지털 혁신을 통한 기존 산업계의 창조적 파괴는 지금도 세계 곳곳에서 빠른 속도로 진행 중이다.

이러한 디지털 혁신의 중심에 데이터가 있다. 기업들은 예전에는 경험하지 못했던 많은 데이터를 마주하게 되었다. 디지털 혁신은 데이터의 시대를 열었다. 그리고 디지털 혁신과 이로 인해 발생한 많은 데이터를 이용한 새로운 비즈니스 모델들이 활발하게 나타나고 있다.

특히 최근에는 데이터를 기반으로 하는 '디지털 플랫폼 모델'이 급부상하고 있다. 또 하나의 특성은 디지털 플랫폼 모델이 초기의 성장을 통해서 사용자들과 데이터를 확보하면 추가적인 한계비용이 거의 없이 급격한 성장을 가능하게 한다는 점이다. 이러한 특성은 보유 차량이 한 대도 없는 우버를 세계에서 가장 큰 운송업체로 만들었고, 보유한 호텔이 하나도 없는 에어비앤비를 세계에서 가장 영향력 있는 숙박업체로 자리 잡게 했다.

하지만 전통 기업의 사정은 다르다. 디지털 플랫폼 모델로 무장한 많은 스타트업이 미국 실리콘밸리를 중심으로 중국을 비롯한 전 세계로 확산되면서 전통 기업들의 새로운 변화와 혁신은 생존을 위한 필수 전략이 되었다.

전통 기업은 스타트업과 달리 물리적 자산을 기반으로 하는 기존 사업을 가지고 있으므로 훨씬 더 복잡한 도전에 직면하게 되었다. 이러한 도전에 대한 결과는 산업별로 다르게 나타나고 있다. IT 산업에서 일어난 혁신의 결과로 많은 디지털 기술이 등장했으며 유통, 통신, 금융에서는 이러한 디지털 기술을 이용하여 산업 자체의 혁신과 융합이 촉진되었고, 지금은 제조업 등 전 산업으로 퍼져나가고 있다.

전통 기업에서의 디지털 혁신과 새로운 변화에 대한 논의는 이미 시작되었다. 특히 기존 프로세스 중심의 가치사슬 모델에 데이터 중심의 디지털 플랫폼 모델을 어떻게 융합할 것인가에 대해서 매우 활발한 논의가 진행 중이다.

디지털 플랫폼에서 활동하는 사용자들과 데이터를 확보한 디지털 기업들은 유사한 알고리즘을 활용하여 다른 산업에 쉽게 진출할 수 있다. 따라서 가치사슬을 구축해야 하는 전통 기업과 매우 다른 전략 수립도 가능하다. 그뿐인가. 3차 산업혁명 시대까지 사용되어온 산업의 구분은 모호해지고 산업 간 융합이 가속화된다. SKT나 KT 등과 같은 통신 사업자, 롯데, 코스트코와 같은 유통 사업자, CJ나 아모레퍼시픽 같은 소비재 기업, 네이버와 같은 인터넷 업체들이 커머스 시장에서 서로 경쟁하고 협력한다. 이처럼 디지털 혁신으로 디지털 플랫폼 모델이 등장하면서 산업 자체의 혁신과 다양한 산업의 융합은 전통 산업 영역 곳곳에서 벌어지고 있다.

최근 산업계에서는 이런 움직임을 4차 산업혁명이라고 부르고 있다. 증기기관을 통한 기계적 혁명을 뜻하는 1차 산업혁명과 전기에너지를 활용한 대량생산을 의미하는 2차 산업혁명을 거쳐 컴퓨터를 활용한 디지털화라는 3차 산업혁명을 뛰어넘는 산업계의 혁명적 변화라는 의미다. 사실 4차 산업혁명은 한국을 비롯한 아시아에서 주로 쓰는 용어다. 미국에서는 '디지털 변혁', 독일에서는 '인더스트리 4.0'이라 불린다. 이 용어들 중에서 4차 산업혁명이 가장 포괄적인 용어다. 현재 일어나고 있는 디지털 기술의 혁신 속도나 산업의 융합과 재편 현상을 보면 4차 산업혁명이 현재의 변화를 설명하기에 좀 더 적절한 표현이 아닐까 생각한다.

하지만 혼란을 피하기 위해서, 이 책에서는 디지털 기술의 혁신과 이로 인한 산업 및 기업의 혁신 등을 포괄적으로 통칭하는 용어로 '디지털 혁신'을 사용하기로 한다.

디지털 기술의 급격한 발전으로 열린 디지털 혁신 시대에 기업들은 완전히 새로운 경영 환경을 맞게 되었다. '변화와 혁신'이 단순히 지속적인 성장을 위한 활동이 아니라 생존을 위한 필수 조건이 된 것이다.

# CHAPTER 3

# 기업은 여전히
# 혁신을 통해서 성장한다

2006년에 출판했던 『기업은 혁신을 통해 성장한다』라는 책의 서두에서 필자는 "경영인으로서 가장 많이 사용하는 단어가 '성장', '혁신', '지속성'이다"라고 쓴 바 있다. 이는 지난 27년간 한국, 미국, 유럽, 중국을 비롯한 세계 각국에서 국내외 다양한 기업의 대규모 혁신 프로젝트를 수행했던 경험에서 도출된 핵심 키워드들이다. 이 생각에는 여전히 변함이 없다.

혁신은 새로운 기술과 시장 또는 비즈니스에 대한 통찰력을 불어넣는다. 새로운 기술과 시장에 대한 통찰력을 결합하여 문제를 해결하고 새로운 기회를 도출하는 것이 기업의 혁신이다. 기업 입장에서 보자면, 기업의 경영 혁신은 경영 환경의 변화에 대응해 조직 내 업무 프로세스나 비즈니스 모델 등을 바꾸는 것을 뜻한다.

경영 혁신은 크게 세 가지로 분류할 수 있다. 세 가지 유형은 상품과 서비스에 혁신을 불어넣는 제품 및 서비스 혁신, 운영적인 측면에서 혁신을 불어넣는 프로세스 혁신, 그리고 회사의 사업 모델에 혁신을 불어넣는 비즈니스 모델 혁신이다.

한국 기업들의 혁신 활동은 이 가운데 프로세스 혁신을 통한 회사의 운영 효율성 개선에 많이 치중되었다. 실제로 많은 대규모 프로젝트들이 프로세스 혁신 분야에서 수행되었다. 이러한 편중된 혁신은 한국 기업들의 과거 경영 전략 때문에 발생한 것이다. 한국 기업들이 주로 취한 '빠른 추격자Fast Follower 전략'[1]은 공정 혁신이나 운영 혁신을 통해 비용을 줄이고 생산성을 향상시키는 방향으로 발전했다.

그러나 프로세스 혁신에만 집중하면 디지털 혁신에 의한 경영 환경의 급격한 변화에 대응하기 어렵다. 앞에서 논의한 바와 같이 디지털 기술의 등장으로 인한 거대한 변화의 흐름 앞에서 전통 기업들은 전혀 다른 경영 환경, 새로운 산업, 그리고 창의적이며 일반적이지 않은 새로운 경쟁자들과 마주 보아야 하기 때문이다. 특히 스타트업들은 디지털 플랫폼 모델이라는 새로운 비즈니스 모델로 경

---

1 빠른 추격자 전략: 선도자(First Mover 혹은 Pioneer) 전략을 벤치마킹하여 더욱 향상된 품질의 제품 혹은 서비스를 제공하는 전략.

쟁하고 있는 실정이다. 따라서 디지털 혁신 시대에 경영 혁신의 중심은 창의적이고 선도적인 비즈니스 모델 혁신이 되어야 한다.

디지털 기술을 이용한 비즈니스 모델 혁신은 과거에는 없던 새로운 사업 영역을 만들고 있다. 우버나 에어비앤비에서 볼 수 있듯이 아이디어와 디지털 기술이 결합하면서 새롭게 부상하고 있는 디지털 플랫폼 모델은 차량이나 호텔 등의 무거운 인프라 없이도 기존 산업의 전통적인 강자들과 경쟁하면서 급격히 성장하고 있다.

디지털 혁신 환경에서도 프로세스 혁신은 여전히 매우 중요하다. 기존 비즈니스 모델에 디지털 기술을 접목해 다양한 경쟁우위를 취하려 할 때 프로세스 혁신은 필수적이다. 또한 전통 기업들이 '새로운' 디지털 영역으로 사업을 확장할 때도 이를 뒷받침할 새로운 프로세스 혁신이 요구된다. 전통 기업들이 디지털 플랫폼 모델을 전략적으로 검토해 사업 확장에 나서면 이를 뒷받침할 수 있는 프로세스와 디지털 기술 관리 역량 역시 요구되는 탓이다. 때로는 디지털 플랫폼 모델을 성공적으로 실행하기 위해서 전사적인 프로세스 혁신을 필요로 하기도 한다.

# CHAPTER 4

# 스타트업과 전통 기업,
# 비즈니스 모델의 충돌

디지털 혁신을 좀 더 쉽게 이해하기 위해 경험 곡선Experience Curve과 지수 곡선Exponential Curve을 이용해보고자 한다. 전통 기업들의 수익 곡선은 대부분 경험 곡선이다. 규모의 경제를 달성하여 수익을 극대화했던 전통 기업은 대량 생산을 통해 원가를 줄이고 이익을 늘리는 전략으로 성장해왔다. 이에 반해 지수 곡선은 디지털 플랫폼 모델에 기초한 기업이나 IT 산업에 속해 있는 디지털 기업에 적용된다. 지수 곡선은 경험 곡선과 반대로 잠재력과 역량이 시간이 지남에 따라 급격히 성장하는 형태를 보인다.

두 곡선을 직접적으로 비교하는 것은 큰 의미가 없다. 왜냐하면 디지털 기업의 경우 전통적 가치사슬 기업과는 달리 누적 생산량당 단위 원가가 중요하지 않기 때문이다. 이는 유튜브의 동영상

별 단위 생산비용이 거의 의미가 없다는 것을 고려해보면 쉽게 이해할 수 있다. 실제로 유튜브의 동영상당 생산비용은 누적 생산량이 많아질수록 우하향하는 곡선 형태를 띠지 않는다. 디지털 혁신은 이렇게 서로 다른 곡선이 가진 가치와 역량이 충돌하는 것을 의미한다. 그림 1-1을 보면 곡선의 차이와 충돌을 알 수 있다.

다음 그림 1-2에서 보듯이 '무어의 법칙'에 따르면 향후 디지털 기술의 발전은 지수적 성장을 할 것으로 예상된다. 두 곡선이 충돌하는 시점에서 한계비용이 매우 낮은 디지털 플랫폼 모델을 근간으로 하는 기업과 전통 기업 간의 경쟁이 발생하며, 전통 기업은 이를 극복해야 하는 새로운 과제를 갖게 되기 때문이다.

그림 1-1 ◆ **지수 곡선** Exponential Curve **과 경험 곡선** Experience Curve

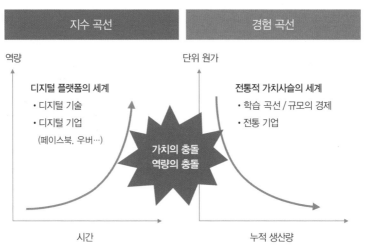

## 무어의 법칙

무어의 법칙은 1965년 미국의 반도체 회사 페어차일드Fairchild의 연구원으로 있던 고든 무어Gordon Moore가 마이크로칩의 용량이 매년 2배가 될 것으로 예측하며 만든 법칙이다. 같은 크기의 마이크로칩에 담을 수 있는 메모리의 양이 2배로 증가하고, 비용은 상대적으로 떨어지는 효과를 설명한다. 마이크로칩 기술의 빠른 발전 속도는 컴퓨터의 데이터 처리 속도의 혁명을 이끌었다. 무어의 법칙에서 컴퓨터의 성능은 거의 5년마다 10배, 10년마다 100배씩 개선된다는 내용을 포함하고 있는데 아래의 그림 1-2를 보면 알 수 있다.

그림 1-2 ◆ **컴퓨터의 데이터 처리 속도**

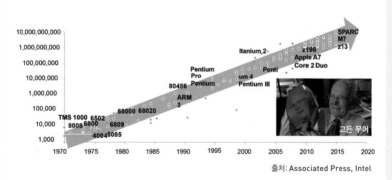

출처: Associated Press, Intel

디지털 기술을 근본적으로 뒷받침하는 컴퓨터 처리 속도Computing Power 자체가 기하급수적이다.

이 문제를 좀 더 자세히 논의해보자. '디지털 스타트업' 기업의 무기는 그럼 무엇일까? 답은 바로 데이터 중심의 '디지털 플랫폼 모델'이다. 많은 성공한 스타트업들은 디지털 플랫폼 모델이라는 새로운 비즈니스 모델로 무장하고 전통 기업들이 갖고 있던 기존 산업의 게임의 규칙을 바꿨다. 새로운 게임 규칙의 핵심은 다음과 같다.

- 디지털 스타트업은 디지털 기술을 지렛대 삼아서 혁신 게임을 주도하고 있다.
- 디지털 스타트업의 무기는 디지털 플랫폼 모델과 이에 기반한 자금이다.
- 디지털 스타트업의 등장은 기존 산업의 위기와 여러 산업의 융합을 이끈다.

흔히 디지털 스타트업의 경쟁력이 곧 디지털 기술이라고 오해하기 쉽다. 디지털 기술은 매우 중요하다. 하지만 기술 자체는 경쟁력이 아니라 비즈니스 모델을 구성하는 하나의 중요한 요소에 불과하다. 디지털 플랫폼 모델이 가진 진짜 경쟁력은 기술이 아닌 비용 구조에 있다. 디지털 플랫폼 모델은 한계비용이 매우 적다. 이는 전통적인 가치사슬 모델과 상반된다. 가치사슬 모델에서는 제품 하나를 생산할 때마다 비용이 발생하고, 마진을 줄이기 위해

**그림 1-3 ◆ 가치사슬 모델과 디지털 플랫폼 모델**

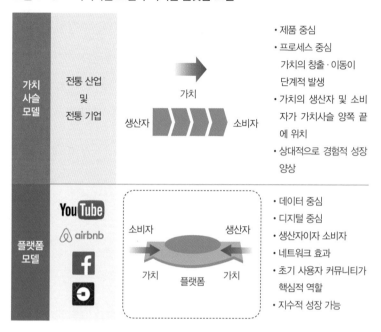

서는 대량 생산을 통해 규모의 경제를 달성해야 했다. 그러나 디지털 플랫폼 모델을 단위 생산비용이라는 개념을 적용해서 가치사슬 모델과 비교하기는 쉽지 않다.

좀 더 자세히 설명해보자. 전통 기업들이 채택하고 있는 가치사슬 모델과는 달리 디지털 플랫폼 모델에서는 다른 종류의 사용자들, 이른바 생산자 또는 소비자, 생산자와 소비자 역할을 동시에 수행하는 사용자들이 서로 만나서 상호작용을 일으키면서 자원을 소비하고 교환하고 때로는 만들어낸다. 운영자 입장에서 플랫폼

그림 1-4 ◆ 2009년 이후 유니콘Unicorn 기업의 등장 추이

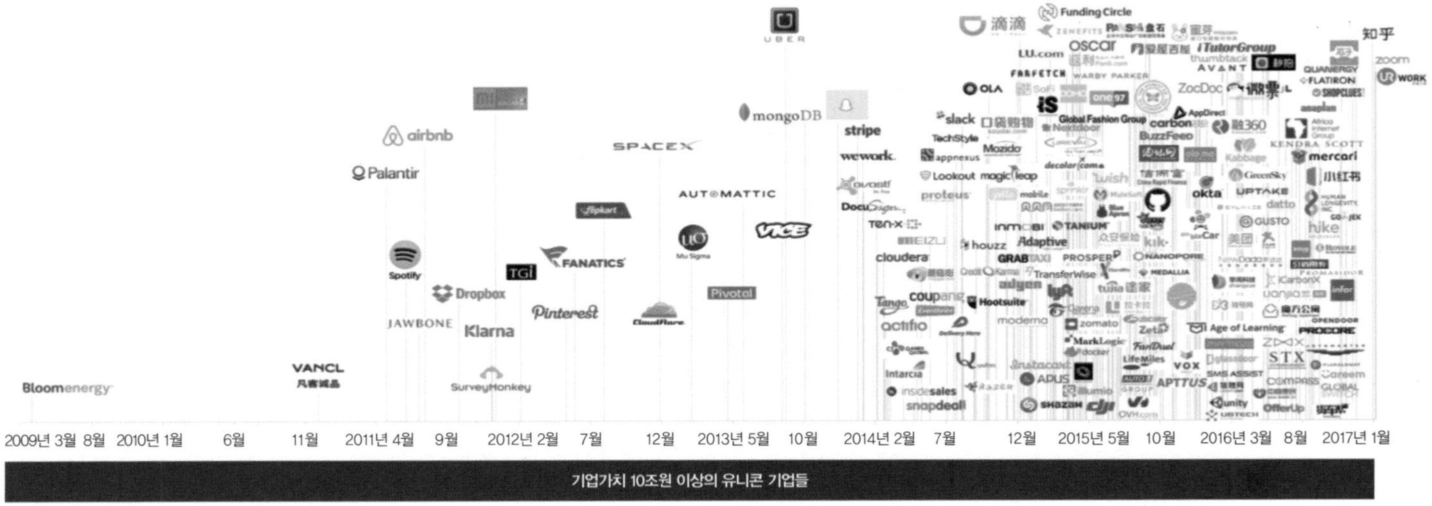

기업가치 10조원 이상의 유니콘 기업들

출처 : CBInsights

비즈니스는 자신들이 소유하지 않는 자원을 활용하여 가치를 창출하기 때문에 전통적인 가치사슬 비즈니스보다 훨씬 빠르게 지수적 성장이 가능하다.

디지털 플랫폼 모델이 벌어들일 수 있는 잠재 가치가 커지면서 디지털 스타트업에 투자하는 투자자도 많아지고, 투자 펀드는 덩치를 키우고 있다. 미국 금융 데이터 조사 보고서 「피치북Pitchbook」의 2018년도 보고서에 따르면 2018년 미국에서만 8,948건, 금액으로는 150조의 벤처 투자가 이루어진 것으로 집계되었다.

주식 시장에 상장하기 전에 이미 1조 원이 넘는 가치를 인정받는 스타트업들을 업계에서는 '유니콘Unicorn'이라 부른다. 2018년 기준으로 세계 곳곳에서 230개가 넘는 유니콘이 활약하고 있다. 특히, 상위 100개 유니콘 스타트업 중 33개가 중국 스타트업이다. 중국의 약진이 두드러진다. 이것이 실리콘밸리는 물론 중국에서도 젊은 억만장자들이 나타나고 있는 배경이다.

스타트업계에서 유니콘을 넘어 기업가치 약 10조 원 이상을 평가받는 비상장 스타트업을 '데카콘Decacorn'이라고 부른다. 이미 16개의 데카콘이 전 세계에서 활약 중이다. 미국, 인도, 그리고 중국에만 데카콘 기업이 있는데, 9개 기업이 미국, 6개가 중국, 그리고 1개 기업이 인도 국적이다. 미국과 중국의 2강 구도가 더욱 뚜렷해지고 있는 것이 특징이다.

전통 기업들은 앞선 얘기들을 비관적으로 받아들일 수도 있을 것이다. 하지만 전통 기업에도 희망은 있다. 적극적으로 디지털 플랫폼 모델들을 검토하고 도입함으로써 지수 곡선이 가지고 있는 장점을 취할 수 있다는 뜻이다. 즉, 경험 곡선을 근간으로 하는 가치사슬 모델인 기존 사업에 지수 곡선을 근간으로 하는 디지털 플랫폼 모델을 도입함으로써 기존 사업의 경쟁력도 강화하고, 한계 비용이 매우 적은 신규 디지털 사업으로도 진출하고, 두 사업 간의 시너지 효과도 볼 수 있는 기회가 생겼다는 것이다. Chapter 6에서 소개할 몰스킨과 같은 기업이 대표적인 사례다.

사람들이 모이고 하나의 플랫폼으로 자리를 잡으면 사업 기회는 많아진다. 스마트폰의 개발로 인해 플랫폼 비즈니스를 위한 비용은 크게 떨어졌다. 플랫폼 비즈니스는 이제 물적 기반이 없어도 아이디어만으로 시작할 수 있다. 디지털 혁신 시대에 비즈니스 모델을 구축할 때는 플랫폼화가 가능한지를 살피는 것이 중요하다.

디지털 혁신으로 인해 급격하게 변하는 경영 환경에서 가장 주요하게 등장한 '디지털 플랫폼 모델'은 좀 더 자세히 다룰 필요가 있다. Chapter 5에서는 이 새롭게 부상한 디지털 플랫폼 모델에 대해서 좀 더 자세히 논의하고자 한다.

# CHAPTER 5

# 디지털 서비스 플랫폼과
# 디지털 비즈니스 플랫폼

2007년 이후 디지털 플랫폼 모델을 이용한 스타트업들이 빠르게 성장하면서, 산업 및 학계의 많은 전문가가 디지털 플랫폼 모델에 대한 다양한 정의를 들고 나왔다. 물론 각각의 정의 및 분류 방법은 디지털 플랫폼 모델에 대한 통찰력을 제시하는 데 도움이 된다. 하지만 한편으로는 다양한 정의와 분류에 의해 오히려 디지털 플랫폼 모델에 대한 개념을 정확히 이해하는 데 적지 않은 혼란이 발생하기도 한다.

이 책에서는 디지털 기술을 이용한 디지털 플랫폼 모델에 대해 '참여 집단'과 '지원 산업 범위'라는 두 가지 기준으로 접근하여 분류하고자 한다. 이를 통해서 기존에 혼용되어 사용하던 디지털 플랫폼의 개념을 정리하고, 이 책에서 집중적으로 다루려고 하는 디지털 플랫폼 모델이 어떤 특성을 지니는지에 대해 Part 2에서 보다 자세히 설명할 것이다.

우선, 디지털 플랫폼 모델은 플랫폼에 참여하는 사용자 집단의 유형에 따라 크게 두 가지로 분류할 수 있다. 사용자 집단이 단일한 경우에는 '단면 플랫폼', 사용자 집단이 성격이 다른 두 개 이상의 집단으로 구성된 경우에는 '다면 플랫폼'으로 분류한다.

사용자 집단이 단일한 단면 플랫폼은 대부분의 경우 플랫폼 제공자가 플랫폼상에 제품 혹은 서비스 등의 가치를 제공한다. 카카오톡의 초기 메신저 서비스가 대표적인 예이다. 카카오톡의 초기 메신저 플랫폼에는 메신저 서비스를 사용하는 소비자 집단만이 참여했다. 카카오톡 메신저 플랫폼상에서 교환되는 가치인 무료 채팅, 무료 통화 서비스 등은 플랫폼 제공자인 카카오톡에 의해 제공되었다. 이렇듯 제공되는 가치가 플랫폼 제공자에 의해 일방향적으로 제공되는 플랫폼 모델을 '디지털 서비스 플랫폼 모델DSPM: Digital Service Platform Model'이라 정의한다.

한편, 사용자 집단이 다수인 다면 플랫폼 모델의 경우는 대부분 참여하는 사용자 중 생산자 집단에 의해서 가치가 제공된다. 이 때문에 앞서 설명한 한계비용이 0에 가까운 플랫폼 모델의 속성은 주로 다면 플랫폼 모델에 해당한다. 에어비앤비, 유튜브 등의 모델이 바로 다면 플랫폼 모델의 전형적인 사례다. 유튜브에서는 비디오 혹은 오디오 콘텐츠를 제작하는 생산자 집단과 이를 소비하는 집단이 플랫폼에 참여한다. 물론 콘텐츠를 감상하거나 제작하는 등의 가치 교환 활동이 발생할 당시의 역할에 따라 동일인이 소비자가 되기도 하고 생산자가 되기도 한다. 다만 중요한 점은 다면 플랫폼 모델에서는 플랫폼 제공자가 제품 혹은 서비스 등의 가치를 직접 제공하지 않아도 된다는 것이다. 이러한 플랫폼 모델이 '디지털 비즈니스 플랫폼 모델 DBPM: Digital Business Platform Model'이다.

앞서 설명한 바와 같이 디지털 플랫폼 모델은 참여자 집단에 따라 나누기도 하지만 플랫폼이 지원하는 산업의 범위에 따라 구분하기도 한다. 즉, '수평적 산업 서비스 Horizontal Industry Service'와 '수직적 산업 서비스 Vertical Industry Service'이다. 수평적 산업 서비스에 속하는 플랫폼은 유통, 소비, 제조 등 제반 산업을 아우르는 B2B 서비스를 제공한다. 대표적으로 SAP, AWS 등의 테크놀로지 서비스 제공사가 이에 해당한다. 이에 반해, 수직적 산업 서비스의 경우에는 플랫폼이 특정 산업에 특화되어 있다. 제너럴일렉트릭 GE의 프레딕스 Predix, 언더아머, 넷플릭스 등의 플랫폼이 그 예다.

앞선 설명을 도식화하면 그림 1-5와 같이 나타낼 수 있다. 현재는 많은 기업들이 자신들의 플랫폼의 범위를 점차 확장하고 진화해나가고 있다. 특히 전통 기업들은 가치사슬 기반의 물리적 사업을 보완할 수 있는 디지털 서비스를 제공할 수 있는 단면 플랫폼으로 시작하여 플랫폼 제공자가 서비스의 주된 제공자 역할 DSPM을 하다가, 어느 정도 플랫폼이 성숙 단계에 이르면 플랫폼을 참여

그림 1-5 ◆ 디지털 플랫폼 모델의 분류

| | 수평적 산업 서비스<br>Horizontal Industry Service | 수직적 산업 서비스<br>Vertical Industry Service |
|---|---|---|
| **디지털<br>서비스<br>플랫폼 모델**<br>(단면 플랫폼) | ❶ 수평적 디지털 서비스<br>플랫폼 모델<br>HDSPM: Horizontal Digital<br>Service Platform Model | ❷ 수직적 디지털 서비스<br>플랫폼 모델<br>VDSPM: Vertical Digital Service<br>Platform Model |
| **디지털<br>비즈니스<br>플랫폼 모델**<br>(다면 플랫폼) | ❸ 수평적 디지털<br>비즈니스 플랫폼 모델<br>HDBPM: Horizontal Digital<br>Business Platform Model | ❹ 수직적 디지털<br>비즈니스 플랫폼 모델<br>VDBPM: Vertical Digital<br>Business Platform Model |

하이브리드 모델 Hybrid Model

자들에게 개방하여 다면 플랫폼DBPM으로 확장하는 경우도 많다.

또한 수평적 산업 서비스를 제공하는 디지털 플랫폼 모델을 가지고 있는 회사가 수직적 산업 서비스를 추가하는 경우도 많다. 카카오톡이나 아마존 등 많은 기업들이 이미 수직적 산업 서비스를 제공하고 있다. 이렇게 플랫폼이 산업을 넘나들며 수평적 산업 서비스와 수직적 산업 서비스를 제공하면서 확장·진화해나가는 모델을 하이브리드 모델이라 표현한다. 기업에서는 산업 융합이 하이브리드 모델의 형태로 나타나게 된다. Part 3에서 다양한 산업 분야의 전통 기업 혹은 스타트업의 플랫폼 모델 사례들을 통해 디지털 플랫폼 모델이 하이브리드 모델로 진화하고 발전해나가는 모습을 살펴보기로 한다.

앞서 플랫폼의 분류를 두 가지 기준에 의해서 정의했다. 디지털 서비스 플랫폼 모델을 보유한 많은 기업의 경우에도 결국 향후 디지털 비즈니스 플랫폼 모델로 확장시키고 진화시켜나가게 될 것이다. 그 이유는 Part 2에서 자세하게 설명하게 될 기존 가치사슬 모델과 대비해 디지털 플랫폼 모델이 지닌 비교 우위의 속성들이 바로 디지털 서비스 플랫폼 모델이 아닌 디지털 비즈니스 플랫폼 모델에서 더욱 극대화되기 때문이다.

디지털 플랫폼 모델의 또 하나의 특징은 빠르고 지속적인 진화다. 디지털 기술은 지금도 계속 진화하고 있고, 디지털 기술의 발전으로 디지털 플랫폼 모델도 꾸준히 진화 중이다. 가치사슬 모델이 기업의 세계화나 전문화 등을 통해서 수십 년 동안 진화했듯이 디지털 플랫폼 모델도 계속해서 진화할 것이다.

'디지털'은 디지털 플랫폼 모델의 핵심이다. '디지털'로 구성된, '다면적인' 구조의, '데이터' 중심인 디지털 플랫폼 모델은 물리적인 개입이 최소화되어 한계비용이 0에 가깝다는 것이 특징이다. 그러므로 특히 디지털 기술의 발전과 데이터 관련 기술의 발전에 많은 영향을 받는다. 최근 급속히 발전하는 인공지능, 블록체인, IoT, 가상현실 등의 기술은 디지털 플랫폼 모델을 끊임없이 발전시키고 있다. 이 중에서도 특히 블록체인과 인공지능은 디지털 플랫폼 모델의 지속적인 진화에 큰 영향을 미치고 있다.

블록체인 기술은 기업 간 또는 참여자 간의 거래 자동화에 큰 영향을 미칠 수 있다. 각 참여자가 원장을 소유하고 거래 기록이 동시에 원장에 기록됨으로써 신뢰 기반의 디지털 스마트 계약을 가능하게 해준다. 이러한 특징을 가지고 있는 블록체인 기술을 잘 이용하면 기업 간 또는 개인과 기업 간의 거래에서 사람의 개입을 최소화할 수 있다. 여기에 인공지능 기술이 지속적으로 발전하면서 많은 의사결정이 자동화되고 있다. 블록체인 기술과 인공지능 기술의 지속적인 발전으로 디지털로만 처리할 수 있는 거래나 사업의 영역이 지속적으로 확장된다. 즉, 디지털 플랫폼 모델의 파괴력이 더욱 강화되는 것이다.

디지털 혁신은 매우 빠른 속도로 일어나고 있다. 이와 함께 디지털 혁신에 바탕을 두고 있는 디지털 플랫폼 모델도 매우 빠르게 진화하고 있기 때문에 모든 기업의 경영자들은 변화의 모습에 더욱더 관심을 가져야 한다.

# CHAPTER 6

# 전통 기업의 디지털 혁신

앞에서 논의했듯이 전통 기업들은 데이터 중심의 디지털 플랫폼 모델로 무장한 스타트업 기업들과 힘겨운 싸움을 해야 한다. 경쟁에서 살아남기 위해서 전통 기업들은 디지털 기술의 적극적인 활용을 통해서 기존의 경험 곡선을 강화하고, 디지털 플랫폼 모델을 도입하여 지수 곡선의 장점을 도입해야 한다. 이번 Chapter에서는 이 두 가지 목적들을 달성하기 위한 전통 기업의 디지털 혁신에 대해서 논의하고자 한다.

디지털 혁신은 과거에 경험해보지 못한 수준의 기업 내 부서를 뛰어넘는 협업과 다양한 기업 간 협업을 요구할 것이다. 무엇보다 프로세스 혁신 역량에 더해서 창의성을 필요로 하는 디지털 플랫폼 모델을 설계하고 실행할 수 있는 역량의 확보가 필요하다.

전통 기업의 디지털 혁신에 대한 가이드라인을 세 가지로 요약하면 다음과 같다.

- 디지털 경영 혁신을 통해 기존 사업의 경쟁력을 강화하고 축적되는 데이터와 고객 정보를 활용하여 디지털 서비스 플랫폼을 구축하라.
- 경영 혁신 활동이나 디지털 서비스 플랫폼에서 확보된 데이터와 고객 정보를 이용하여 한계비용을 최소화하는 디지털 비즈니스 플랫폼을 구축하라.
- 다양한 기업 간 협업을 위한 생태계를 구축하라.

아래에서는 이 세 가지 가이드라인을 자세히 살펴보겠다.


**디지털 경영 혁신을 통하여 기존 사업의 경쟁력을 강화하고 축적되는 데이터와 고객 정보를 활용하여 디지털 서비스 플랫폼을 구축하라**

기업의 지속적인 성장을 위해서 변화와 혁신은 필수적이다. 기업은 디지털 기술을 적극적으로 활용하여 기업의 경쟁력을 강화하는 경영 혁신을 적극적으로 실행해야 한다. 스타트업 기업은 물론 디지털로 무장하고 있는 기존 전통 경쟁사들과의 경쟁을 위해서도 필수적이다. 인공지능, 빅데이터, IoT, 블록체인, 머신 러닝, 가상현실 등 개별 디지털 기술에 대한 적극적인 연구를 통해서 기술 변화를 예측하고 프로세스나 상품에 적용해야 한다.

위와 같은 혁신 활동을 통해서 얻어진 데이터와 외부의 빅데이터를 이용하여 고객들에게 디지털 서비스를 제공하는 디지털 서비스 플랫폼을 구축할 수 있다.

한국은 OECD 국가 중에서 제조업의 서비스 비율이 최하위권이다. 디지털 혁신은 한국 제조업체들에게 새로운 기회를 제공한다. 디지털 서비스 플랫폼 기반의 디지털 서비스를 적극적으로 개발하면 위와 같은 문제를 극복하는 데 획기적인 도움을 받을 수 있다.

기존 가치사슬 모델에 디지털 서비스 플랫폼 모델을 추가해서 디지털 서비스를 고객에게 추가로 제공하여 경쟁력을 강화한 좋은 예가 '언더아머'다. 언더아머는 스포츠웨어를 중심으로 하는 소비재 의류 제조업체다. 특히 2006년 4,500억 원의 매출에서 2016년 5조가 넘는 매출로 10년 동안에 10배가 넘는 성장을 이룬 가장 주목 받는 브랜드 중의 하나다.

언더아머는 이러한 패션 업계에서의 성공을 기반으로 최근에 데이터 및 분석 회사로의 변화를 모색하고 있다. 언더아머는 기존 사업의 경쟁력을 강화하기 위해서 디지털 혁신을 주요 어젠다로 설정했다. 그리고 운동 앱app을 만들어서 사용자의 운동, 식이, 수면 등의 정보를 입력하고 관리하게 했다. 이 정보를 활용한 기록

분석을 통해서 지속적인 운동 성과의 향상으로 고객 만족도를 높였다. 이러한 자사 앱이 성공을 거두자 애플 헬스Apple Health, 핏빗Fitbit, 미스피트Misfit 등 타사 운동 서비스 앱과 IoT 기술을 이용한 연동을 통해 개방형 건강 디지털 플랫폼을 구축했다.

이와 같이 타사 앱과 연동함으로써 플랫폼 이용이 더욱 활성화되어 데이터 확보가 용이해졌다. 데이터가 활발하게 확보되자 앱 활성화에 선순환적 작용을 하여 데이터 확보 속도는 지속적으로 증가하게 되었다. 언더아머는 막대한 양의 데이터 처리를 위해 기업용 클라우드 회사인 SAP와 제휴함으로써 전 세계 개인들의 데

그림 1-6 ◆ **전통 기업의 데이터 기반 디지털 플랫폼 모델, 언더아머**

| 기존 사업 영역 내 급속한 성장 | 디지털 혁신 어젠다 |
|---|---|
| **10년간의 급속한 성장**<br><br>2006년　4억 3천만 달러 ⎫ 10배<br>2016년　48억 3천만 달러 ⎭ 성장<br><br> | ❶ 운동선수들에게 어떻게 하면 더 나은 성적을 거둘 수 있게 도와줄까?<br>❷ 언더아머 고객에게 운동을 관리하는 애플리케이션을 제공하면 어떨까?<br>❸ 언더아머의 자체 앱 외에 다른 운동 관련 제품 및 앱을 연결하여 서비스를 제공할 수 있을까?<br>❹ 애플리케이션에 모인 데이터를 어떻게 통합적으로 관리하고 활용할까?<br>❺ 언더아머의 데이터 기반 플랫폼을 다른 회사가 이용하게 할 수 있을까? |

출처: http://advertising.underarmour.com

이터를 빠른 속도로 처리하고 분석할 수 있는 플랫폼을 구축했다.

그림 1-6에서 볼 수 있듯이 언더아머는 자사의 디지털 서비스 플랫폼을 통하여 먼저 자사 고객에게 새로운 디지털 서비스를 제공하고, 이 디지털 서비스 플랫폼을 기반으로 새로운 디지털 사업으로 진출했다. 디지털 플랫폼에서 수집된 소비자의 데이터를 활용하여 그림 1-6 언더아머 사례 마케팅 플랫폼으로 진화했고, 이러한 데이터나 마케팅 서비스를 식품 제조사, 제약사, 병원 등 타사에도 제공할 수 있는 개방형 플랫폼으로 진화했다.

## 경영 혁신 활동이나 디지털 서비스 플랫폼에서 확보된 데이터와 고객 정보를 이용하여 한계비용을 최소화하는 디지털 비즈니스 플랫폼을 구축하라

프로세스 혁신 활동을 통해서 많은 데이터가 창출된다. 이 데이터를 활용하여 디지털 서비스 플랫폼을 구축하여 운영하면 더욱 다양한 데이터와 고객 정보를 확보할 수 있다. 이 경우, 전통 기업은 신생 스타트업이 보유하기 힘든 많은 데이터와 고객 정보를 보유하여 비교우위를 가질 수 있게 된다.

디지털 플랫폼 모델은 가치사슬 모델과는 달리 초기 일정 규모의 사용자들을 확보하는 게 매우 중요하다. '닭이 먼저냐 달걀이 먼저냐?' 하는 문제를 해결해야 하는 것이다. 사용자들은 플랫폼을 방문할 가치가 없으면 찾아오지 않는다. 많은 사용자가 찾아오지 않으면 '의미 있는' 가치가 창출되지 않는다. 다시 말해 의미 있는 경험을 사용자에게 주지 못하게 된다. 물론 의미 있는 경험을 지속적으로 제공할 수 있도록 플랫폼을 설계해야 한다. 하지만 이 것도 초기에 일정 규모 이상의 사용자들을 확보해야만 가능한 일 이다. 스타트업들이 초기에 가장 고민하는 부분이다. 전통 기업들 은 기존의 가치사슬 비즈니스와 연계된 디지털 서비스 플랫폼을 잘 이용하면 강점을 가질 수 있다. 즉, 전통 기업은 디지털 서비스 플랫폼을 통해서 데이터를 확보하고 일정 규모의 사용자들이 확 보되면 디지털 비즈니스 플랫폼을 만들어 신규 사업으로 진입할 수 있다.

다시 정리해보자. 첫째, 디지털 혁신을 통해서 가치사슬 중심의 사업에서 원가 절감이나 매출 증대를 통해 경쟁력을 강화한다. 둘 째, 이러한 혁신 활동을 통해서 창출되는 새로운 데이터와 외부의 빅데이터를 이용하여 디지털 서비스 플랫폼을 설계한다. 셋째, 이 플랫폼을 통해서 기존 가치사슬 중심의 사업에 디지털 서비스를 추가하여 경쟁력을 더욱 강화한다. 넷째, 여기서 얻어지는 데이터 와 사용자들을 활용하여 디지털 비즈니스 플랫폼을 설계하여 신 규 사업을 전개한다. 다섯째, 디지털 비즈니스 플랫폼에서 추가로 확보된 데이터와 사용자들을 바탕으로 다양한 다른 산업 및 사업 에 진출할 수 있다.

대표적인 사례가 '몰스킨'이다. 몰스킨은 역사가 깊은 브랜드

**그림 1-7** ◆ 전통 기업의 데이터 기반 디지털 플랫폼 모델, 몰스킨

**::::MOLESKINE®**

Naturally analog, conveniently digital, very Moleskine.

"몰스킨은 사용자들이 더 자유롭게 표현하는 데 있어 디지털이냐 아날로그냐를 선택하게 하기보다 아날로그와 디지털을 자유자재로 오가면서 원하는 가치를 실현하는 걸 돕고자 합니다."

– 마리아 세브레곤디(몰스킨 VP)

Livescribe Moleskin | Creative Cloud w/ Adobe | Evernote Smart Notebook

출처: http://advertising.moleskin.com

**그림 1-8** ◆ 소비자 간 공유와 협력의 디지털 플랫폼, 몰스킨

**::::MOLESKINE®**

출처: http://advertising.moleskin.com

46

다. 몰스킨은 반 고흐, 피카소, 헤밍웨이 등 세계적인 예술가들의 꾸준한 사랑을 받으며 그들과 역사를 함께해왔다. 19세기 프랑스에서 시작된 이 수첩 브랜드는 단순하면서도 고전적이고 인상적인 디자인 때문에 수첩 자체가 지식인의 상징이 되었다.

수첩 시장을 한번 살펴보자. 이제는 수첩을 스마트 기기가 대체하기 시작했다. 서점이나 문구점에 가면 수첩이나 필기 도구의 숫자만큼이나 디지털 펜 혹은 메모 기능을 탑재한 디지털 기기들이 많이 있다. 몰스킨이 속한 이 수첩 산업은 그 수요가 점점 줄어드는 사양 산업 같았다. 그러나 몰스킨은 디지털로 인해 변화하는 산업에 디지털화와 파트너십을 통해 제공하는 디지털 서비스로 디지털 혁신을 해나가면서 수첩에 많은 가치를 창출했다. 몰스킨은 에버노트, 라이브 스크라이브, 어도비 등과 협력하면서 기존의 수첩 고객들에게 새로운 디지털 서비스를 제공한다. 몰스킨 수첩에 쓰거나 그린 그림은 에버노트, 라이브 스크라이브 펜, 어도비 등을 통해서 디지털화되고 또한 어느 디지털 기기에서나 이용할 수 있게 구현되었다.

몰스킨은 여기서 한 걸음 더 나아가 디지털 비즈니스 플랫폼 모델로 확장하고 있다. '스킨'은 표지를 의미한다. 몰스킨의 고객들은 몰스킨 회사가 만든 디지털 플랫폼인 '아티스트 마켓플레이스 Artists Marketplace'에서 본인들이 디자인한 스킨을 올린다. 플랫폼에 올라온 스킨들은 고객들 간에 서로 판매·구매도 가능하다. 스킨을 다운로드하여 자기가 좋아하는 표지 디자인으로 본인만의 몰스킨 수첩을 만들 수 있고, 몰스킨 회사가 인기 있는 스킨을 구매하여 상품으로 출시할 수도 있다.

이 플랫폼에서 몰스킨의 고객들은 물건을 사는 것이 아니라 '경험'을 산다. 19세기에 수많은 예술가들이 몰스킨 수첩 위에 자신들의 아이디어를 그려왔듯이 21세기의 몰스킨은 디지털 플랫폼을 제공함으로써 이 시대의 창조적 계층들로 하여금 자신을 표출하고, 또 타인이 표현한 산출물을 경험하고 그러한 경험을 구매할 수 있는 장을 만들어가고 있다.


## 다양한 기업 간 협업을 위한 생태계를 구축하라

마지막으로 전통 기업은 위와 같은 혁신을 위해 다양한 기업과 협업해야 한다. 전통 기업의 경험과 디지털 스타트업의 창의성을 바탕으로 발전 가능한 영역을 도출해야 하는 것이다. 전통 기업 입장에서는 디지털 플랫폼 모델 기반의 스타트업들과의 상호 협업에 의해서 새로운 가치 창출을 시도할 수 있다.

싱가포르의 대표적인 금융기관인 싱가포르 개발은행의 예를 들어보자. 싱가포르 개발은행은 빠르게 디지털 혁신을 이룬 은행으로 성과도 많이 거두었다. 이 은행의 경영진은 핀테크 스타트업과 같은 문화를 조성해야만 빠르게 디지털 혁신을 달성할 수 있다고 생각했다. 기존 직원들의 자체적인 역량 강화만으로는 한계가 있다고 판단한 것이다. 그래서 복수의 스타트업과 협력 관계를 맺고 직원들과 스타트업 기업 직원들과 팀을 이루어 일정 기간(주로 몇 주 단위) 동안 다양한 아이디어를 내서 모바일 앱을 개발하게 했다. 일회성으로 끝나는 것이 아니라 개발이 끝나면 다른 은행 직원들과 다른 스타트업 직원들로 구성된 또 다른 팀이 앱을 개발하는 방식으로 지속적으로 실시했다. 많은 창의적인 아이디어와 앱이 만들어졌고 또한 창의적이고 실험적인 조직 문화가 빠르게 확산되는 효과를 보았다.

잘 설계되고 한계비용이 적은 디지털 플랫폼 모델을 설계하는 것은 쉽지 않다. 전통 기업들은 디지털 서비스 플랫폼에서 시작해서 쌓은 경험을 바탕으로 디지털 비즈니스 플랫폼으로 진화하는 것이 일반적이다. 하지만 스타트업과 제휴하거나 많은 실패를 용인하면서도 바로 디지털 비즈니스 플랫폼을 시작하는 기업들도 있다. 시작을 어떻게 하든 초기 사용자들을 확보하여 잘 설계한 디지털 비즈니스 플랫폼을 만들 수 있다면 전통 기업의 성장을 견인하는 혁신 동인이 될 것이다.

# CHAPTER 7

# 데이터의 시대,
# 지능 기업의 등장

최근까지 기업 비즈니스 모델의 화두는 세계화와 전문화였다. 많은 기업이 세계로 진출하고 글로벌 판매 법인 및 생산 체계를 가지게 되면서 이를 효과적으로 경영할 수 있는 글로벌 운영 체계가 필요하게 되었다. 이와 같은 글로벌 운영 체계 아래서 기업이 잘하는 프로세스들을 전문화하고, 잘하지 못하는 프로세스들을 아웃소싱하면서 프로세스 표준화와 전문화, 그리고 비용 최적화를 끊임없이 추구해왔다. 또한 세계화와 전문화에 성공한 기업들에 대한 연구도 활발히 진행되었는데, 이러한 연구로 가장 널리 알려진 운영 모델이 '글로벌 서비스 센터SSC: Shared Service Center'와 '글로벌 전문화 센터CoE: Center of Excellence'이다. IBM이나 프록터 앤 갬블Proctor & Gamble의 서비스 센터나 전문화 센터가 대표적인 벤치마킹 모델로 많은 기업의 연구 대상이 되었다.

글로벌 서비스 센터와 글로벌 전문화 센터는 기본적으로 기존의 가치사슬 모델에 기반을 두고 있다. 가치사슬상의 프로세스들을 세계화할 때 본사, 지역, 국가 중 어느 수준에서 중복하거나 혹은 묶어서 관리하는 것이 효과적인가? 또한 어느 프로세스들을 전문화하고 어느 프로세스들을 아웃소싱할 것인가? 이 논의는 지금도 활발히 진행 중이다. 가치사슬 모델은 기업의 세계화와 전문화와 함께 꾸준히 진화해왔다.

최근 10년간의 경영 환경의 변화에서 가장 큰 화두는 디지털 혁신이다. 많은 기업들이 디지털 혁신을 통해 새로운 사업을 전개하면서 끊임없이 새로운 비즈니스 모델들을 연구한 결과, 디지털 플랫폼 모델이 대표적 모델이 되었다. IT 산업의 혁신으로 디지털 플랫폼 모델에 기반한 기업들이 많이 탄생했고, 많은 수의 스타트업이 디지털 플랫폼 모델을 무기로 급격한 성장을 이루어나가고 있다. 2018년 시가 총액 기준을 보면 세계 7대 기업이 모두 디지털 플랫폼 모델 기반이고 이들의 시가 총액은 6,000조에 달하고 있다.

디지털 플랫폼 모델로 무장한 많은 스타트업 기업들과 경쟁하기 위해서 전통 기업들도 다양한 노력을 기울인다. 기존의 가치사슬 모델에 디지털 플랫폼 모델을 접목하여 새로운 디지털 서비스를 고객들에게 제공함으로써 경쟁력을 높이기도 한다. 또한 디지털 기술들을 이용한 다양한 프로세스 혁신도 동시에 진행한다. 이

그림 1-9 ◆ 2018년 세계 시가 총액 10대 기업

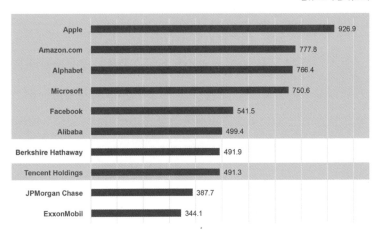

단위 : 10억 달러(USD)

출처: Statista

와 같은 다양한 프로세스 혁신이나 비즈니스 모델 혁신 활동들의 결과로 기업에는 많은 데이터가 축적된다. 이제는 막대한 양의 데이터를 분석하여 시장·고객·경쟁자·사회에 대한 통찰력으로 바꾸어서 경영에 효과적으로 활용하는 기업들이 경쟁에서 살아남을 수 있게 되었다. 이렇게 많은 데이터에 디지털 기술을 활용하여 경영에 필요한 통찰력을 도출하는 지능 체계와 시스템을 구축한 기업을 '지능 기업Intelligent Enterprise'이라고 한다.

기업의 세계화와 프로세스의 전문화는 가치사슬 모델의 발전된 모습이다. 한편, 디지털 플랫폼 모델은 '디지털'과 '데이터', 그리

**그림 1-10 ◆ 디지털 혁신, 플랫폼 모델 확산, 지능 기업 등장**

| 디지털 혁신 | 디지털 플랫폼 모델의 확산 |
|---|---|
| • IT 산업의 재정의<br>▶ 모바일 산업의 혁신과 OS 플랫폼 전쟁, 그리고 클라우드 강자들의 등장<br>▶ 인공지능, 빅데이터, IoT, 블록체인 등 디지털 기술의 등장으로 기존 IT 산업 재편<br>• 다른 산업으로의 확산<br>▶ 제조업, 유통업, 금융업 등의 디지털 혁신 본격화 | • 수평적 디지털 서비스 플랫폼의 확산<br>▶ 클라우드 플랫폼의 확산<br>▶ 모바일과 클라우드를 기반으로 디지털 기술을 중심으로 하는 수평적 플랫폼의 등장<br>• 수직적 산업 서비스 플랫폼의 등장<br>▶ 기존 산업에서 수평적 플랫폼을 활용하여 수직적 산업 플랫폼 등장<br>▶ 수평적 플랫폼 회사들이 수직적 산업 플랫폼 서비스로 진출 → 산업 융합이 플랫폼상에서 발생 |

**플랫폼 모델의 확산과 디지털 기술의 활용으로 인한 방대한 데이터의 축적**

지능 기업

고 '플랫폼'이 결합된 비즈니스 모델로 전통적인 가치사슬 모델과 비교될 수 있다. 미래의 기업은 필연적으로 가치사슬 모델과 디지털 플랫폼 모델을 동시에 소유하고 있을 것이다. 결과적으로 미래의 기업에서는 기업 운영의 복잡성이 크게 증가할 뿐만 아니라, 엄청난 양의 데이터가 존재하게 된다. 이와 같은 다양한 비즈니스 모델과 많은 데이터를 가지고 있는 기업이 효과적으로 데이터를 분석하여 통찰력을 확보하고, 이를 통해 빠른 의사 결정을 하기 위해서는 지능 체계를 구축해야 한다. 방대한 데이터를 시스템이 자동으로 학습하고(머신 러닝), 다양한 추적과 투명한 거래를 가능하게 하고(블록체인), 예측 가능한 업무 의사 결정(예측 기반 알고리즘)을 할 수 있도록 디지털 기술이 진화하여 지능 기업을 가능하게 한다.

미래의 기업은 글로벌하고 전문화된 가치사슬 모델과 데이터 중심의 디지털 플랫폼 모델을 함께 가지게 된다. 이런 복잡한 기업을 운영하고 더욱 빠르게 변화하는 시장에 민첩하게 대응하기 위해서는 디지털 기술을 이용하여 기업을 지능화해야 한다. 이러한 특징을 가지고 있는 기업을 '지능 기업'이라고 통칭한다. 지능 기업의 모습은 다음과 같이 요약될 수 있다.

- 글로벌하고 전문화된 가치사슬 모델
- 데이터 중심의 디지털 플랫폼 모델
- 변화에 빠르게 반응하는 지능 체계

디지털 기술의 발전으로 디지털 플랫폼 모델도 계속 진화하고 있다. 가치사슬 모델이 기업의 세계화나 전문화 등을 통해서 수십 년 동안 진화했듯이 디지털 플랫폼 모델도 계속해서 진화할 것이다. 디지털 기술의 발전은 가치사슬 모델에도 적용되고 더 경쟁력 있는 혁신 활동을 수행할 수 있다. 그러나 디지털 기술을 이용하여

그림 1-11 ◆ 디지털 혁신 시대, 미래 기업의 모습

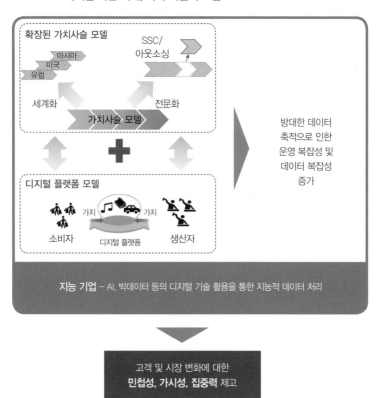

어떤 프로세스를 혁신하고 어떤 가치를 창출할지에 대해서는 많은 고민이 필요하다. 물론 이를 실행하는 데에는 많은 자원이 투입된다. 상대적으로 디지털 플랫폼 모델은 디지털 그 자체로 데이터 기반으로만 구성되어 있으므로, 디지털 기술의 혁신이 고스란히 디지털 플랫폼 모델의 혁신으로 이어지게 된다.

지능 기업의 지능 체계도 디지털 기술에 바탕을 두고 있다. 머신 러닝, 빅데이터, 예측 기반 알고리즘 등의 지속적인 발전으로 인해서 지능 체계도 지속적으로 진화한다. 디지털 혁신으로 디지털 기술이 발전하면 지능 체계도 같이 빠르게 진화하게 된다. 기본적으로 디지털 플랫폼 모델과 같은 속성을 가지고 있다.

디지털 기술의 폭발적인 발전 때문에 가까운 미래에 디지털 플랫폼 모델이나 지능 체계로 무장되지 않은 전통 기업은 빠르게 변화하는 경영 환경과 시장에 대응할 수 없다. 가치사슬 위주의 기업은 도태될 수밖에 없다. 가까운 미래가 언제일지는 정확히 알 수 없지만 혁신은 이미 시작되었고 변화는 필연적이다. 미래에 우리가 보는 기업의 대부분은 지능을 가지고 있는 디지털 플랫폼 모델을 가지고 있을 것이다. 가치사슬 모델만 가지고 있는 전통 기업은 모두 사라지게 될 것이다.

디지털 혁신은 산업의 본질을 변화시키는 것은 물론 다른 산업 간 경쟁을 촉발하고, 궁극적으로는 기존 산업의 정의를 바꾸게 된다. 이러한 경영 환경의 변화 속에서 기업들은 지속적인 혁신을 통해서 새로운 모습으로 재탄생할 것이다. Part 2와 Part 4에서는 디지털 혁신 환경에서의 지능 기업의 모습에 대해서 좀 더 자세히 논의해보고자 한다.

PART 2

# 디지털 플랫폼
# 모델이 떠오른다

Part 1에서 디지털 혁신 환경에서 부상한 대표적인 모델로 디지털 플랫폼 모델을 소개했다. 디지털 플랫폼 모델은 가장 핵심적인 미래 기업 모델일 것이다. 그러나 최근 몇 년 사이 신문, 인터넷을 포함한 각종 매체에서 다양한 용도로 '플랫폼'이라는 용어를 남용하고 있다. 플랫폼의 중요성을 생각해볼 때, 이 키워드가 지나치게 다양한 방식으로 사용된다면 실제 기업에서 혁신을 위해 의사소통을 할 때 많은 혼란을 일으킬 수 있다.

Part 2에서는 플랫폼에 대한 정의에서부터 시작하여 디지털 플랫폼 모델의 정의, 분류, 그리고 특성을 살펴볼 것이다. 이를 통해 미래 기업의 주요한 운영 모델로서 '플랫폼'과 '디지털', 그리고 '디지털 플랫폼 모델'을 명확하게 이해하고 디지털 혁신 시대에 걸맞는 비즈니스 통찰력을 가지게 될 것을 기대한다.

# CHAPTER 1

# 디지털과 데이터와 플랫폼,
# 그 창의적인 만남

**디지털 플랫폼 모델이란 무엇인가?**

'디지털 플랫폼 모델'을 기반으로 한 많은 스타트업이 전 세계 곳곳에 나타나 단기간에 높은 시가 총액을 달성하며 기존 산업에 큰 영향력을 행사하고 있다. 가치사슬 모델에 기반한 전통 기업들의 시장을 잠식하기도 하고, 혹은 이전에는 시도할 수 없었던 새로운 융합 산업을 만들기도 하면서 폭발적 성장세를 보이고 있다. 이에 따라 이런 기업에 관심을 가지고 그들의 특징을 연구하여 플랫폼적 특징을 적용한 스타트업이 대거 등장하고 있는데, 이런 현상은 4차 산업혁명과 더불어 주요 화두가 되었다.

디지털 플랫폼 모델이 무엇인가를 정확히 이해하려면 플랫폼에 대해 먼저 알아야 한다. 플랫폼Platform이란 '기차 승강장'이라는

그림 2-1 ◆ 플랫폼의 다양한 정의

| 플랫폼의 정의 | 출처 |
|---|---|
| 기술을 이용하여 사람과 조직, 자원을 인터렉티브한 생태계에 연결하여 가치 창출 및 교환을 매개하는 비즈니스 모델 | 마셜 W. 밴 멜스타인 외 3인, 『플랫폼 레볼루션』 |
| 공급자와 수요자 등 복수 그룹이 참여하여 각 그룹이 얻고자 하는 가치를 공정한 거래를 통해 교환할 수 있도록 구축된 환경 | 노규성, 『플랫폼이란 무엇인가』 |
| 클라우드를 중심으로 정보, 서비스, 상품을 주고받을 수 있는 고도화된 정보 시스템 | 유기운 외 2인, 『2050 미래사회보고서』 |

출처: 〈인공지능 플랫폼의 개념과 도입 전략〉, 《기술 주간동향》, 1866호

의미로 16세기부터 사용되어온 용어다. 기차 승강장은 승객들이 원하는 목적지로 가는 기차를 타기 위해 반드시 통과해야 하는 공간이다. 그렇기에 그 공간으로 다양한 목적지를 가진 승객과 기차가 모여든다.

이 '플랫폼'은 현재 다양한 산업 분야에서 다양한 의미로 사용되고 있다. 그림 2-1에서 보는 바와 같이, 상황과 화자에 따라 비즈니스 모델로, 거래가 발생하는 환경을 정의하는 단어로, 혹은 클라우드 중심의 정보 시스템 등의 의미로 다양하게 사용된다.

본서에서 지칭하는 '디지털 플랫폼 모델'의 '플랫폼'은 단어가 가진 원래 의미를 그대로 반영하여 마치 기차 승강장처럼 다양한 목적을 가진 주체들이 모여 각자의 필요를 동시에 충족시키는 만

남의 장場으로 정의하겠다. 나아가 디지털 플랫폼은 생산자와 소비자가 만나 가치를 교환하는 가상의 디지털 공간으로 정의할 수 있다. 그리고 디지털 플랫폼 모델은 그러한 디지털상의 공간을 활용한 비즈니스 모델을 뜻하는 것이다.

플랫폼상에 참여하는 집단의 종류는 플랫폼별로 다르다. Part 1에서 설명한 바와 같이 디지털 서비스 플랫폼 모델의 경우에는 생산자와 플랫폼 제공자가 동일한 반면, 디지털 비즈니스 플랫폼 모델은 플랫폼 제공자가 아닌 외부 생산자가 플랫폼상에서 소비자와 가치를 교환한다.

실제로 대부분의 가치사슬 모델 기반의 전통적 기업들이 디지털 플랫폼 모델을 추가할 때 초기에는 디지털 서비스 플랫폼으로 출발하는 경우가 많다. 즉, 플랫폼 제공자가 플랫폼에서 사용자들에게 가치를 제공하는 것이다. 디지털 서비스 플랫폼을 통해 다양한 서비스를 제공하여 충분한 수의 플랫폼 사용자를 확보하면 디지털 비즈니스 플랫폼으로 확장하게 되는데, 이는 기존의 가치사슬 모델에 기반했을 때보다 많고 다양한 사용자를 확보하여 더 활발한 가치 교환 활동이 일어날 수 있다.

이러한 확장 방향은 디지털 비즈니스 플랫폼 모델의 구성 요소에 기인한 다섯 가지 속성에서 발생한다. Chapter 2와 Chapter 3에서 디지털 비즈니스 플랫폼 모델의 구성 요소와 속성에 대해 자세히 다루도록 하겠다.

# CHAPTER 2

# 디지털 플랫폼 모델의
# 체계적인 프레임

디지털 비즈니스 플랫폼 모델은 Part 1에서 설명한 바와 같이 사용자 집단이 복수인 디지털 플랫폼 모델이다. 이러한 복수의 사용자 집단은 일반적으로 외부 생산자 집단과 소비자 집단으로 구성된다. 따라서 디지털 비즈니스 플랫폼 모델은 그림 2-2와 같이 외부 생산자와 소비자가 디지털 플랫폼 위에서 가치 교환 활동을 이루며, 그러므로 외부 생산자, 소비자, 플랫폼, 가치 교환 활동, 이네 가지를 디지털 비즈니스 플랫폼 모델의 구성 요소로 일반화하여 살펴볼 수 있다. 각각의 구성 요소에 대해 하나씩 알아보자.

**그림 2-2 ◆ 디지털 비즈니스 플랫폼 모델 구성 요소**

| 외부<br>생산자 | • 외부 생산자에 의해 생산된 가치가 플랫폼상에서 소비자에게 제공됨<br>• 플랫폼 자체가 제공하는 공유 인프라를 통해 낮아진 시장 진입 장벽의 혜택을<br> 누림<br>• 외부 생산자가 접근하기 어려웠던 시장에 접근할 수 있는 기회를 제공받음 |
| --- | --- |
| 소비자 | • 니치 마켓 소비자들의 니즈를 고도로 맞춤화하여 제공함<br>• 복수의 플랫폼과 플랫폼 내 외부 생산자의 경쟁에 의해 발생하는 이익을 누림<br>• 플랫폼의 매칭 시스템은 소비자의 탐색 비용을 경감시킴 |
| 디지털<br>플랫폼 | • 외부 생산자가 제공한 가치를 일정한 항목에 따라 필터링하고 이를 소비자에게<br> 유의미한 순서로 제공해야 함 |
| 가치교환<br>활동 | • 디지털 플랫폼상에서는 명성, 평판 등과 같은 비금전적 가치를 교환하기도 함<br>• 기업은 플랫폼상에서 교환되는 가치 품질을 통제하기 어려워짐<br>• 플랫폼 기업은 필터링의 방법으로 교환가치의 품질 문제를 해결할 수 있음 |

## 외부 생산자

전통적인 가치사슬 모델과 비교할 때, 디지털 비즈니스 플랫폼 모델은 가치 교환의 주체가 다르다. 기존 가치사슬 모델에서는 기업이 상품 혹은 서비스의 생산자 역할을 담당했다. 하지만 플랫폼 모델에서는 대부분의 경우 기업이 더 이상 직접 가치를 생산하는 활동을 하지 않는다. 이들은 외부의 생산자들을 플랫폼으로 끌어들여 상품, 서비스의 가치를 창출하도록 유도한다. 외부 생산자에 의해 생산된 가치를 플랫폼상의 소비자들에게 제공한다. 물론 가치를 생산하는 주체는 다양한 유형의 사용자일 수 있다.

유튜브 플랫폼을 예로 들자면, 가수 지망생인 개인이 자신의 노래 부르는 모습을 촬영하여 유튜브에 올릴 수도 있고, 기업에서 광고 목적으로 콘텐츠를 제작하여 유튜브에 올릴 수도 있다. 주체는 다양할 수 있지만 중요한 것은 서비스 생산의 주체가 플랫폼 기업이 아닌 외부에 있다는 것이다. 생산 주체가 외부에 있기에, 디지털 비즈니스 플랫폼 모델 기반 기업은 확장할 때 한계비용이 거의 0에 가깝다.

한편, 동일한 사용자가 상황에 따라 생산자의 역할을 하기도 하고 소비자의 역할을 하기도 한다. 즉, 한국에 사는 에어비앤비의 호스트였던 김씨는 멕시코 무헤레스 섬 별장의 게스트가 될 수도 있다. 뷰티 콘텐츠를 만들어 페이스북에 올리는 페이스북 스타 인플루언서Influencer 역시도 페이스북상에서 정보를 소비하는 소비자 역할을 하기도 한다. 다만, 하나의 가치 교환 발생 상황에서는 사용자는 소비자이든 생산자이든 어떤 한 가지 역할을 담당할 것이다. 플랫폼에서는 이와 같이 사용자가 생산과 소비의 다양한 역할을 수행하며 가치를 교류한다.

외부 생산자들은 플랫폼에 참여함으로써 크게 두 가지 이점을 누릴 수 있다. 첫 번째 이점은 플랫폼 자체가 제공하는 공유 인프라로 인해 시장 진입 장벽이 낮아졌다는 점이다. 그들이 공통적으로 필요로 하는 요소들을 플랫폼이 기본적으로 제공하기 때문이다. 예를 들면, 스마트폰 플랫폼에서는 네트워크 접근과 알림 기능 등·대부분의 개발자에게 필요한 공통 기능을 제공하여 초기 투자 비용을 낮춘다. 인프라를 공급함에 따라 외부 생산자들이 이전에 비해 시장에 진입할 때의 리스크를 낮추고 거대한 규모의 경제를 창출하게 되었다.

두 번째로, 외부 생산자가 혼자서는 접근하기 어려웠던 시장에 접근할 수 있는 기회를 제공받는다. 플랫폼은 외부 생산자에게 구매 잠재력이 높은 미래 고객 풀을 제공한다. 에어비앤비의 예를 생각해보면 이해하기 쉬울 것이다. 한국 봉천동에 사는 이씨가 혼자 힘으로 자신의 집 한 켠에 있는 작은 방을 쓸 사람을 찾기란 쉽지 않은 일이다. 하지만 에어비앤비 플랫폼에 방 사진을 올린다면 지구 반대편 우루과이에서 온 여행객도 이씨의 방을 잠재 숙박 시설로 고려할 것이다.

## 소비자

소비자 역시도 플랫폼에 참여함으로써 기존에 가치사슬 기업에 의해 상품이나 서비스를 제공 받을 때에 비해 다양한 이점을 누리게 된다. 전통적인 기업의 경우에는 대중의 평균적인 요구를 기준으로 상품 혹은 서비스를 제공하게 된다. 따라서 평균에서 벗어난 소비자 요구를 완벽하게 충족시키기 어렵다. 하지만 플랫폼의 경우, 소비자만큼이나 다양한 외부 생산자들에 의해 다양한 상품·서비스를 제공하며 이를 통해 틈새시장에 있는 소비자들의 요구를 맞춤화하여 제공할 수 있다.

또한 소비자는 복수의 플랫폼과 플랫폼 내의 복수의 외부 생산자들의 경쟁에 의해 발생하는 이익을 누릴 수 있다. 플랫폼 간의 경쟁, 그리고 외부 생산자들 간의 경쟁은 생산자 잉여를 줄이고 소비자에게 금전적 이득 혹은 양질의 상품·서비스를 제공하는 결과를 가져온다. 이뿐 아니라 매칭 시스템이 잘 구성된 플랫폼을 이용함으로써 소비자가 스스로 거래를 찾기 위해 지불해야 했던 탐색비용을 경감시킬 수도 있다.


## 디지털 플랫폼

전통적인 비즈니스 모델에서 기업의 역할은 대부분 직접 가치를 생산하여 제공하는 것이었다. 하지만 디지털 플랫폼 모델에서 기업의 역할은 외부 생산자와 소비자 간의 가치 교환의 장을 마련해주는 데 있다. 이러한 외부 생산자 집단과 소비자 집단 간의 가치 교환상에서 실제 교환이 일어나기 위해서는 외부 생산자들이 제공하는 가치가 소비자 개개인에게 가장 이득이 있도록 매칭 Matching되어야 한다. 이를 위해 플랫폼 기업은 외부 생산자의 생산 가치, 또는 오퍼링Offering을 일정한 규칙에 따라 필터링Filtering하고 이를 소비자에게 유의미한 순서로 추천한다.

우버에서는 운전자의 위치, 최종 목적지, 운전자의 평점, 승객의 평점 등이, 에어비앤비의 경우에는 숙박 시설의 위치, 숙박 일자, 가격 등이 필터링 항목이다. 개개인의 요구를 유의미한 단위로 세분하여 스마트한 필터링을 제공하는 플랫폼일수록 가치 교환이 더 활발하게 일어날 수 있다. 반대로 필터링이 제대로 이루어지지 않는다면 소비자는 자신이 필요로 하는 가치를 빠르게 찾지 못하게 되고, 가치 교환을 하지 않고 플랫폼에서 이탈하게 된다. 그렇기에 플랫폼의 필터링 역량은 플랫폼 기업이 꾸준히 개발해야 할 핵심 역량으로 볼 수 있다.

한편, 플랫폼 제공 기업 역시 플랫폼 비즈니스를 운영하여 다양한 이득을 얻는다. 첫째로, 전통적 기업에 비해 플랫폼 기업은 혁신의 규모와 범위에서 엄청난 차이를 보인다. 플랫폼 기업은 전통적 기업이 직접 혁신을 시도하는 것과는 달리 다양한 외부 생산자들에게 혁신 작업을 광범위하게 분산시킬 수 있다. 이는 각각의 다양한 생산자가 창의적으로 혁신을 유도하게 되어 특정 기업이 독자적으로 혁신할 때보다 빠르고 다양한 변화를 가져오도록 한다. 이로 인해 플랫폼 내 오퍼링들은 기존 비즈니스 모델에 비해 훨씬 가파르게 가치가 증가할 수 있다. 또한 이렇게 분산된 혁신 활동은 기업이 부담해야 할 리스크를 외부 생산자들과 분담할 수 있다. 이는 플랫폼 내부에서 외부 생산자들끼리 경쟁하며 리스크가 훨씬 작아지기 때문이다. 즉, 같은 양과 질의 오퍼링을 한 기업이 독자적으로 제공할 때, 부담해야 할 리스크를 외부 생산자들과 나누어 가지게 되는 것이다.

구글의 구글플레이와 애플의 앱스토어가 앞선 설명의 좋은 예가 될 것이다. 이 두 플랫폼은 다양한 앱 개발자들의 혁신 시도를 통해 지속적으로 향상된 기능의 앱을 소비자에게 제공한다. 초창기 애플의 CEO 스티브 잡스는 외부 개발자 때문에 아이폰 운영체제가 '더럽혀지는' 것을 원치 않아서 이를 개방할 생각이 없었다. 하지만 다른 경영진들의 설득으로 앱스토어를 열어 iOS를 개방했다. 만약 그때 애플이 잡스의 초기 판단처럼 iOS상의 앱을 모두 자사가 개발하도록 결정했다면 아이폰이 현재의 인기를 누릴 수 있었을까?

이뿐만 아니라 플랫폼 기업은 전통적 기업이 담지 못한 틈새시장의 수요도 담을 수 있다. 앞서 설명한 바와 같이 디지털 플랫폼에서는 평균에서 벗어난 소비자 요구에도 다양한 외부 생산자들이 자신들의 오퍼링을 제공할 수 있다. 암릿 티와나Amrit Tiwana는 『플랫폼 생태계Platform Ecosystems』에서 이와 같은 니치 마켓 수요에 대응하는 플랫폼의 기능을 아마존의 사례를 들어 다음과 같이 설명하고 있다.

> 경제적으로 하나의 기업이 대응하기에 어려운 다수의 틈새시장들은 실질적으로 잃어버린 기회들이지만 때로는 대중 시장의 규모를 초과할 수도 있다. 이를 아는 아마존 등의 기업들은 다수의 틈새시장을 만족시키지 못하는 반스 앤 노블Barnes & Noble 같은 실질적 경쟁자들의 롱테일 시장[1]을 성공적으로 공략해왔다. 1년에 두 명 정도가 구매할 것 같은 '로지스틱 회기분석'에 관한 서적을 보유한 동네 서점을 생각해보라. 이것은 1년에 1,000부 정도가 팔리는 인기 베스트셀러를 쌓아둘 공간을 빼앗는 것이다.[2]

---

1   고도로 전문화되고 흔치 않은 욕구를 지닌 꼬리가 긴 부분의 니치 마켓.
2   암릿 티와나, 『플랫폼 생태계: 아키텍처, 거버넌스, 전략의 정렬』, 파이터치연구원, 2018, 133쪽.

## 가치 교환 활동

플랫폼을 통해 외부 생산자와 소비자 간의 상품이나 서비스 등의 가치를 교환하는 활동은 디지털 비즈니스 플랫폼 모델에서 핵심적인 요소이다. 하지만 기존 가치사슬 모델과 디지털 플랫폼 모델에서는 유통되는 가치의 종류가 달라져서 더 다양해지고 풍성해진다. 디지털 비즈니스 플랫폼 모델에서는 금전적인 가치뿐 아니라 명성 혹은 평판 등과 같은 사회적 가치 또한 외부 생산자에게 중요한 보상이 된다. 유튜브 혹은 SNS와 같이 외부 생산자가 금전적 보상 없이 자발적으로 콘텐츠를 올리는 구조의 플랫폼이 대표적인 예다. 물론 이러한 비금전적 가치 교환 활동으로부터 금전적 이득이 파생되는 경우도 많다. 그러나 금전적인 가치 교환 활동의 파생이 존재하지 않는 경우에도 외부 생산자는 댓글, 혹은 공유 횟수, 별점 평가 등의 사회적 가치를 보상 목표로 가치 창출 활동을 하는 경우도 많다.

또한 디지털 플랫폼 기업은 전통적인 기업과는 가치 교환 활동에 대해 행사할 수 있는 권한이 크게 달라진다. 전통적 가치사슬 모델을 보유한 기업은 가치의 생산자로서 그 자신이 제공하는 모든 상품, 서비스 등의 가치 품질을 통제할 수 있었다. 이와 달리 플랫폼 비즈니스 기업은 플랫폼상에서 교환되는 오퍼링의 가치 품질을 통제하기 어렵다. 이는 가치가 기업이 아닌 외부 생산자들에 의해 발생하기 때문에 이로 인해 일부 플랫폼 기업에서는 플랫폼상에 올라온 상품 혹은 서비스의 낮은 품질로 인해 어려움을 겪기도 한다. 유튜브에 올라온 포르노 비디오, 혹은 사진과는 다른 에어비앤비의 숙박 시설이 그러한 예라고 할 수 있다. 플랫폼 초기 단계에는 플랫폼상에 올라오는 아이템의 수가 많지 않기 때문에 관리자에 의해서 개별적으로 관리될 수 있을 것이다. 하지만 플랫폼이 성숙하여 하루에도 수십만 건의 가치 상품이 플랫폼상에서 제공되는 상황이라면 이야기가 달라진다.

그렇다고 해서 플랫폼 기업이 이 경우 손쓸 수 있는 방법이 아예 없는 것은 아니다. 앞서 언급한 바와 같이 플랫폼 기업은 필터링의 방법으로 이러한 문제를 해결할 수 있다. 소비자가 외부 생산자를 평판한 것을 필터링의 한 축으로 사용하여 평판이 높은 외부 생산자를 우선적으로 추천하는 방법으로 이러한 품질 관리가 가능하다. 이를 통해 플랫폼 기업은 활발한 가치 교환 활동을 촉진할 수 있다.

# CHAPTER 3

# 디지털 플랫폼 모델의 다양한 모습

플랫폼에 대한 정의가 다양하듯이 플랫폼을 구분하는 기준 역시 다양하다. 일반적으로는 B2B 혹은 B2C 플랫폼으로 구분하거나, 개방형 혹은 폐쇄형 플랫폼으로 나누기도 한다. 본서에서는 Part 1에서 설명한 바와 같이 참여 집단과 지원 산업 범위에 의해 구분할 것이다. 이런 방법으로 플랫폼을 나누어보면, 일차적으로 플랫폼이 가진 가장 큰 장점 중 하나인 네트워크 효과에 대해 깊이 있게 이해할 수 있을 것이다. 우선 각 플랫폼을 참여 집단에 따라 나누어 단면 플랫폼과 다면 플랫폼으로 구분하고, 이후 플랫폼 기업의 지원 산업 범위에 따라 수직적 플랫폼과 수평적 플랫폼으로 구분하여 그 특징을 살펴보자.

그림 2-3 ◆ 디지털 플랫폼 모델의 분류

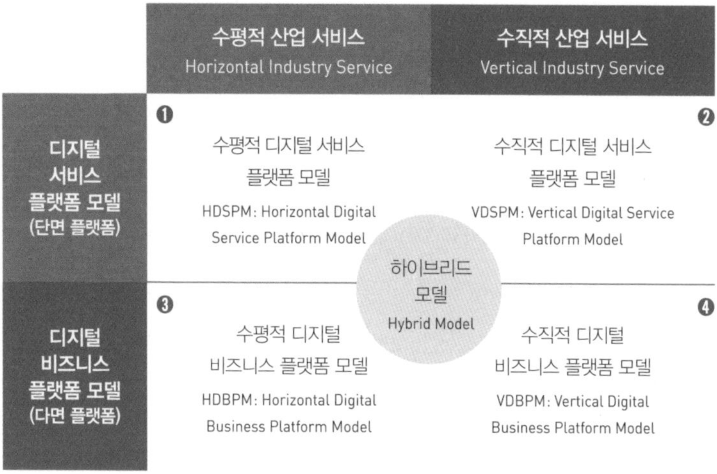

| | 수평적 산업 서비스<br>Horizontal Industry Service | 수직적 산업 서비스<br>Vertical Industry Service |
|---|---|---|
| 디지털<br>서비스<br>플랫폼 모델<br>(단면 플랫폼) | ❶ 수평적 디지털 서비스<br>플랫폼 모델<br>HDSPM: Horizontal Digital<br>Service Platform Model | ❷ 수직적 디지털 서비스<br>플랫폼 모델<br>VDSPM: Vertical Digital Service<br>Platform Model |
| 디지털<br>비즈니스<br>플랫폼 모델<br>(다면 플랫폼) | ❸ 수평적 디지털<br>비즈니스 플랫폼 모델<br>HDBPM: Horizontal Digital<br>Business Platform Model | ❹ 수직적 디지털<br>비즈니스 플랫폼 모델<br>VDBPM: Vertical Digital<br>Business Platform Model |

하이브리드
모델
Hybrid Model

## 단면 플랫폼과 다면 플랫폼

플랫폼에 참여하는 사용자 집단을 하나의 면으로 생각해보자. 사용자 집단이 하나의 집단인 플랫폼을 단면 플랫폼, 둘 이상의 집단을 다면 플랫폼이라고 정의한다. 예를 들어, 카카오톡과 같은 메신저 플랫폼의 초창기 모습은 채팅을 실제로 사용하는 사용자 집단 하나뿐이었다. 이때의 카카오톡 플랫폼은 단면 플랫폼이다. 파일 공유 서비스 플랫폼인 드롭박스 역시 참여 집단은 최종 사용자들로 구성된다. 이렇게 플랫폼에 참여하는 사용자 집단이 단일 유형인 경우, 단면 플랫폼 모델로 정의한다.

한편, 암릿 티와나 등의 학자들은 이러한 단면 플랫폼을 진정한 플랫폼으로 인정하지 않기도 한다. 이는 현재 혁신적인 성과를 보이며 성장하는 플랫폼 스타트업이 대부분 다면 플랫폼의 네트워크 효과를 통해 성장했고, 이러한 다면 네트워크 효과가 기존 기업에서는 찾아보기 어려운 무한 성장 동력을 제공하기 때문일 것이다. 다면 네트워크 효과는 Chapter 4에서 좀 더 자세히 살펴보자.

다면 플랫폼은 참여 집단이 둘 이상인 플랫폼이라고 정의했다. 대표적인 예로, '업워크 Upwork'와 같이 전문 서비스를 제공하려는 프리랜서 집단과 이를 사용하려는 기업 등의 고객 집단을 매칭시키는 플랫폼이 있다. 이러한 다면 플랫폼은 성장 동력이 기업에 국한되는 것이 아니라 외부로부터 무한하게 공급이 가능하므로 폭발적 성장 잠재력을 보유한다.

그러나 다면 플랫폼은 초기 사용자를 모집할 때 피해가기 힘든 애로사항이 있다. 예를 들어, 소비자와 외부 생산자의 참여가 필요한 플랫폼에서 풍부한 소비자 기반이 없다면 외부 생산자들을 끌어들이기 어려울 것이다. 반대로 외부 생산자들에 의한 다양한 오퍼링이 없다면 소비자 역시도 모이지 않을 것이다. 이처럼 다면 플랫폼은 다수의 면 중 어떤 면도 다른 면의 참여 기반 없이는 끌어들이기 어렵다.

## 수평적 디지털 플랫폼과 수직적 산업 플랫폼

수평적 디지털 플랫폼Horizontal Digital Platform과 수직적 산업 플랫폼 Vertical Industry Platform은 해당 기업이 보유한 기술 유형에 따라 나누 어진다. 수평적 디지털 플랫폼 기업은 4차 산업혁명의 원동력으로 일컬어지는 인공지능, 블록체인, 증강현실·가상현실, 클라우드 등 의 첨단 기술을 보유한 기업이다. 이러한 기업들은 산업 전반에 걸 쳐 기업들의 디지털화를 돕는다. 아마존, 마이크로소프트, SAP 혹 은 구글과 같이 IaaS, SaaS, PaaS 등의 서비스를 제공하는 기업이 그 대표적인 예일 것이다.[3]

한편, 수직적 산업 플랫폼은 해당 기업이 속한 산업에 특화된 플 랫폼을 제공하는 기업을 의미한다. 대표적인 케이스로 숙박 · 여 행 산업의 에어비앤비, 미디어 산업의 넷플릭스 등이 있다. 이러한 수직적 산업 플랫폼 기업들은 수평적 산업 플랫폼들이 가진 핵심 기술을 상용화한 것을 기회로 삼아 산업에 특화된 디지털 서비스 를 제공하며 성장했다.

넷플릭스의 사례를 살펴보자. 넷플릭스는 1997년 DVD 대여 우 편배송 사업으로 시작하여 현재는 스트리밍 형태의 콘텐츠를 구 독형 모델로 제공하고 있다. 넷플릭스는 인터넷 인프라가 거의 미

---

3  IaaS, SaaS, PaaS에 대해서는 다음의 '지식 코너'에서 자세히 설명하겠다.

국 전역에 깔리게 된 2007년부터 구독 플랫폼 모델을 제공하기 시작했다. 넷플릭스의 시니어 엔지니어 데이브 한은 전 세계 130여 국가에 넷플릭스의 서비스를 출범하고 1억 3,000만 명의 회원 수를 보유하게 된 것은 기존의 IT 운영을 근본적으로 혁신했기 때문에 가능했던 일이라고 말했다.[4]

그는 130여 국 수백만 명의 고객을 새롭게 받아들이기 위한 모든 여정은 자사의 데이터 센터에서 퍼블릭 클라우드로 이전하기로 결정하면서부터 시작되었다고 덧붙였다. 2008년, 자사의 데이터 센터를 직접 운영하던 넷플릭스는 데이터 센터의 문제로 전체 서비스가 다운되고 3일 동안이나 DVD 배송이 중단되었다. 이로 인해 넷플릭스는 AWS 클라우드 환경으로 이전하기로 결심했다.

이렇듯 수직적 산업 플랫폼 기업들은 많은 경우 수평적 디지털 플랫폼 기업의 기술을 활용하여 플랫폼 구축에 필요한 안정적 인프라를 갖춰왔다. 가치사슬 기반의 전통 기업들이 파괴적 역량을 보유한 플랫폼 스타트업에 대응하고 미래 경쟁력을 보유하기 위해서도 이러한 수평적 디지털 플랫폼 기업의 도움을 받는 것이 중요하다.

---

4   http://www.ciokorea.com/news/39567

또한 이러한 수평적 디지털 플랫폼 기술을 적용하여 한 산업에서 시작했던 플랫폼 기업이 다른 산업으로 확장하며 발전하기도 한다. 곧, 한 산업에서 출발한 플랫폼이 유사한 알고리즘을 활용하여 전혀 다른 산업에 새로운 수직적 산업 플랫폼으로 확장하는 것이다. 이것이 앞선 장에서 잠시 언급했던 하이브리드 모델Hybrid Model이다. 이러한 변화로 3차 산업혁명의 시기까지 사용되던 산업의 구분이 모호해지고 산업 간 융합은 더욱 빠르게 진행된다.

이러한 현상은 이미 우리 일상에서 어렵지 않게 엿볼 수 있는 변화이다. 카카오톡은 메신저 서비스로 출발했지만 현재 카카오톡 플랫폼 상에서 제공하는 서비스는 메신저뿐 아니라 뉴스, 검색 서비스, 온라인 커머스, 게임, 영화 예매 등 이미 수십 가지에 달한다. 이제 기업은 더 이상 한 가지 산업에만 매여 있지 않게 되었다. 플랫폼이라는 그릇에 다양한 산업을 융합하여 사용자의 필요에 맞춰 제공한다. 앞으로 이러한 하이브리드 모델의 융합형 플랫폼 기업은 점점 늘어날 것이다.

# IaaS, SaaS, PaaS란 무엇인가?

최근 클라우드 컴퓨팅 서비스에 대한 관심이 높아지면서 SaaS, IaaS, PaaS라는 용어가 많이 언급되고 있다. 각각의 용어에 대해 이해하기 위해서 먼저 클라우드 컴퓨팅에 대한 이해가 필요하다. 클라우드 컴퓨팅은 한마디로 사용자가 인터넷으로 데이터, 애플리케이션 서비스를 이용할 수 있도록 지원하는 것이다. 클라우드에서는 하드 드라이브나 서버와 같은 값비싼 하드웨어의 필요성이 사라지고 사용자가 어디서나 작업할 수 있다. 이러한 클라우드 컴퓨팅에는 SaaS, PaaS, IaaS라는 세 가지 모델이 있다.

## SaaS Software-as-a-Service란?

인터넷으로 애플리케이션을 제공하는 방법을 말한다. 고객이 웹 브라우저에서 바로 SaaS 애플리케이션을 이용할 수 있으므로 하드웨어나 소프트웨어를 따로 구매, 설치, 유지 보수 또는 업데이트할 필요가 없다. SaaS 제공업체에서 모든 것을 관리하므로 고객에게 항상 최신 버전의 애플리케이션을 제공할 수 있다.

## PaaS Platform-as-a-Service란?

PaaS에서는 개발자가 클라우드 애플리케이션을 구축하여 배포할 수 있는 클라우드 플랫폼과 툴이 제공된다. 웹 브라우저에서 PaaS를 이용하므로 사용자가 기본 하드웨어와 소프트웨어를 구매하여 유지 보수할 필요가 없다. PaaS에서는 개발자가 등록만 하면 원하는 기능을 취사선택할 수 있다.

## IaaS Infrastructure-as-a-Service란?

IaaS를 도입하면 회사에서 서버, 네트워크, 저장소, 운영체제와 같은 컴퓨팅 리소스를 종량제로 '임대'할 수 있다. IaaS 제공업체에서 인프라를 호스팅하고 시스템 유지 보수 및 백업과 같은 작업을 처리하므로 고객은 하드웨어를 구매하거나 관리하는 담당자를 따로 채용하지 않아도 된다. (출처: SAP Korea 웹사이트 https://www.sap.com/korea/trends/cloud-solutions.what-is-iaas.html#what-is-iaas)

IBM의 소프트웨어 설계자인 알버트 바론Albert Barron은 SaaS, PaaS, IaaS 세 가지 모델의 개념 차이를 피자에 비유하여 아래와 같은 그림으로 나타냈다.

## Pizza as a Service(알버트 바론의 도식)

| Traditional On-Premises (On Prem) | Infrastructure as a Service (IaaS) | Platform as a Service (PaaS) | Software as a Service (SaaS) |
|---|---|---|---|
| Dining Table | Dining Table | Dining Table | Dining Table |
| Soda | Soda | Soda | Soda |
| Electric / Gas | Electric / Gas | Electric / Gas | Electric / Gas |
| Oven | Oven | Oven | Oven |
| Fire | Fire | Fire | Fire |
| Pizza Dough | Pizza Dough | Pizza Dough | Pizza Dough |
| Tomato Sauce | Tomato Sauce | Tomato Sauce | Tomato Sauce |
| Toppings | Toppings | Toppings | Toppings |
| Cheese | Cheese | Cheese | Cheese |
| **Made at home** | **Take & Bake** | **Pizza Delivered** | **Dined Out** |

■ You Manage    □ Vendor Manages

피자를 먹기 위해서는 다양한 방법이 있을 것이다. 첫째로 집에서 직접 피자를 만들어 먹는 방법이다. 그다음으로 마트에서 냉동 피자를 사서 집에서 구워 먹거나 혹은 피자를 배달시켜 먹는 방법이다. 마지막으로 피자 레스토랑에 직접 가서 먹는 방법이다. 아래 표에서 회색으로 표시된 부분은 판매자가 관리하는 영역이고 파랑색으로 표시된 부분은 사용자가 관리하는 영역이다.

# IaaS, PaaS, SaaS의 이해

*On-Premises: 클라우드와 달리 소프트웨어 등을 자체적으로 보유한 전산실 서버에 직접 설치해 운영하는 방식

출처: https://blogs.technet.microsoft.com/kevinremde/2011/04/03/saas-paas-and-iaas-oh-my-cloudy-april-part-3

즉, SaaS, PaaS, IaaS의 개념 차이는 그 관리 책임 범위에 따라 나누어지는 것이다. SaaS는 서비스 제공자가 서버 등의 기본 인프라는 물론 바로 사용할 수 있는 애플리케이션까지 최종 사용자에게 제공하는 서비스로, 말하자면 레스토랑 외식에 비유되는 것이다.

이에 반해, 소프트웨어 직접 구매On-Premise는 재료부터 장소까지 전부 서비스 사용자가 직접 관리하는 홈메이드 피자에 비유할 수 있다. IaaS는 마트에서 사온 냉동 피자, PaaS는 배달하여 시켜 먹는 피자 정도에 비유할 수 있다. 즉, 소프트웨어 직접 구매 방향에 가까울수록 사용자의 입맛에 맞지만 직접 관리해야 하는 영역이 늘어나 번거로움이 커지고, SaaS 방향에 가까울수록 편리해지는 것이다.

# CHAPTER 4

# 디지털, 데이터, 네트워크, 그리고 고객

'플랫폼이 세상을 삼키고 있다'고 표현할 만큼 플랫폼이 전 세계적으로 몰고 온 영향은 엄청나다. 미디어, 통신뿐 아니라 소매업, 운송업, 숙박업 등의 전통적 강자는 신흥 플랫폼 강자의 등장으로 인해 점차 그들의 파이를 빼앗기고 있다. 하지만 위험은 앞서 나열한 특정 산업에만 국한되지 않는다. 이제는 금융, 교육, 의료를 막론하고 대부분의 산업군에 플랫폼 위기가 닥쳤다. 기존의 가치사슬 모델을 지닌 전통 기업들을 대체할 디지털 플랫폼 모델 기반 기업의 등장은 이제 시기의 문제다.

기존의 비즈니스 모델을 일컫는 가치사슬 모델은 말 그대로 가치의 창출이 사슬 모양처럼 단계적으로 발생한다. 가치사슬의 한쪽 끝에서 생산자가 원자재를 구입하여 제품을 생산하고, 유통하고, 광고하여 사슬의 다른 쪽 끝에 있는 소비자에게 판매하기까지 가치 창출이 선형적으로 발생한다. 이러한 가치사슬 모델에 기반한 기업들은 투자 대비 수익을 높이는 것에 집중한다.

한편, '디지털 플랫폼 모델'에 기반한 기업들은 가치사슬 모델 대비 네 가지의 특성을 지니며 비교우위를 누리고 있다.

## 디지털 기술의 진화에 따라 플랫폼도 지속적으로 진화한다

디지털 플랫폼 기업은 기본적으로 디지털 위에 플랫폼을 구축한다. 그 때문에 디지털 기술이 발전함에 따라 플랫폼도 함께 향상된 기능을 제공할 수 있게 되는 것이다. 최근 블록체인과 인공지능 기술 등이 발전함에 따라 디지털 플랫폼상에서 그러한 첨단 디지털 기술을 반영하여 사용자들에게 보다 향상된 기능을 제공하고 있다. 고객 신뢰가 중요한 금융 혹은 식품·의약품 등의 산업에 블록체인의 도입이 활발하게 이루어질 것으로 예상된다.

이런 진화의 일례로 위·변조 의약품 유통의 문제를 들 수 있다. 최근 전 세계적으로 위·변조 의약품의 유통이 증가하여 환자들의 안전이 위협받고 있다. 이에 따라, 미국 식품의약국FDA에서는 DSCSADrug Supply Chain Security Act를 제정하여 미국 내 의약품 유통에 대한 규제를 강화했다. 2017년 11월부터 판매되는 모든 의약품 패키지에 고유 번호의 부착을 의무화하고, 2019년 11월부터 반품 제품을 재판매할 계획이 있는 제조사는 모든 패키지의 번호와 해당 패키지의 정품 검증을 의무화하는 제도를 도입했다. 이러한 제도적 변화는 최대 1만 개 이상의 패키지를 검증할 수 있는 시스템이 필요하게 되므로 기존 프로세스상에서는 많은 시간과 비용이 발생한다.

이러한 변화에 대응해 기업용 소프트웨어 기업인 SAP는 현재 다양한 글로벌 의약품 공급업체와 협력하여 SAP BaaS Blockchain-as-a-Service 플랫폼을 테스트하고 있다. 이는 기존의 SAP 의약품 플랫폼상에 블록체인을 추가하여 패키지 상태 변경 정보를 저장하고, 앱을 통해 진품을 검증할 수 있는 시스템이다. SAP BaaS는 개방형 표준을 지원하고, 제약사의 국제 의약품 표준 식별 체계 IDMP 표준을 충족하는 데도 사용될 수 있을 것으로 기대하고 있다. 국제

**그림 2-4 ◆ 블록체인 기술을 사용한 의약품 검증**

출처: SAP 웹사이트, https://events.sap.com/teched/en/session/33559

의약품 표준 식별 체계 IDMP Unique Identification of Medicinal Products 에는 세계 어느 곳에서나 의약품의 정품 여부를 확인할 수 있는 메시지 기술 명세가 포함되어 있다. SAP의 BaaS 플랫폼을 이용하면 고객이 제품 코드와 유통기한을 직접 확인할 수 있고, 블록체인 내에 저장된 제약사의 데이터와 바코드 내의 시리얼 넘버를 대조·확인하는 것도 가능하다.

이렇듯 디지털 플랫폼은 빠르게 변화하는 디지털 기술을 플랫폼 상으로 흡수하여 플랫폼의 성능을 지속적으로 향상시키고 있다.

## 데이터 중심의 디지털 플랫폼 기업은 뛰어난 확장성을 지닌다

디지털 플랫폼 모델은 데이터라는 정보재에 기반한 사업을 운영하기 때문에 정보재의 특성에 따라 놀라운 확장성을 보인다. 앤드루 맥아피와 에릭 브린욜프슨의 최신작 『머신 플랫폼 크라우드 Machine, Platform, Crowd』에서 필자는 이러한 확장성을 정보재가 가진 '무료 free'와 '완전성 perfect', 네트워크에 의한 '즉시성 instant'이 합쳐졌을 때 발생한다고 설명했다.

> 정보재의 첫 번째로 중요한 두 가지 속성은 '무료 free'와 '완전성 perfect'이다. 일단 무언가가 디지털화되면 본질적으로 그것의 추가 사본(복사본)을 공짜로 만들 수 있다. 이 새로운 사본은 사

실상 하드 드라이브나 다른 어떤 저장 매체의 한 공간을 차지하며, 저장은 실제로 무료가 아니지만 역사적 기준으로 볼 때 놀라울 만큼 저렴하다. 2016년에 저장 용량 1GB의 비용은 0.02달러였는데, 그에 비해 2000년에는 11달러였다. 그리고 시간이 흐를수록 계속 싸지고 있다. 경제학자라면 한계비용이 0에 접근한다고 말할 것이다. 따라서 무료에 거의 가깝다.

그리고 완전성은 말 그대로 완전하다는 뜻이다. 일단 디지털 원본이 만들어지면 사본은 어느 모로 봐도 디지털 원본과 비슷하다. 사실 디지털 원본과 정확히 똑같다. 서류의 복사본을 다시 복사해본 적이 있다면 아날로그 사본에는 이 말이 들어맞지 않는다는 사실을 알 것이다. 하지만 디지털 사본은 사본을 1개, 100개, 100만 개를 만들든 상관없이 원본의 비트가 사라지거나 훼손되는 일이 일어나지 않는다.

무료와 완전성은 바람직한 특성이지만 동일한 사진, 파일, 노래의 사본 수백만 개로 꽉 찬 하드 드라이브는 바람직하지 않다. 정보재의 경제력은 네트워크를 이용할 수 있게 되면 증가한다. 네트워크는 아주 중요한 세 번째 속성을 추가하기 때문이다. 바로 '즉시성instant'이다. 네트워크를 이용하면 정보재의 무료이면서 완전한 사본을 거의 즉시, 이곳에서 저곳으로, 또는 한곳에서 여러 곳으로 유통할 수 있다.[5]

디지털 플랫폼 모델의 확장성은 투자 비용이 거의 없어도 신규 시장, 신규 사업 영역으로 확대가 가능하기 때문이다. 이는 어떤 시장이나 산업 분야의 디지털 플랫폼으로부터 생성된 노하우와 구조적으로 변화하고 발전한 상황이 다른 시장과 산업에도 동일하게 적용되어 비용이 거의 0에 가깝기 때문에 생기는 특성이다. 이런 디지털 플랫폼의 성질을 바탕으로 해서 마치 유체와 같이 물리적·지리적인 한계에 얽매이지 않고, 다양한 시장과 산업에 자연스럽게 스며들어 플랫폼 기업의 사업 저변을 확장한다. 이러한 확장성은 기존 산업 강자들과의 경쟁에 있어 굉장한 경쟁우위를 제공한다. 일례로, 에어비엔비는 2007년에 시작했지만 그 어떤 숙박 기업보다 더 빠르게 시장을 확장하고 성공을 거둘 수 있었다.

플랫폼 기업의 확장성은 기업의 생존 전략을 바꾸기도 한다. 과거 가치사슬 기업은 주류 시장과 비주류 시장을 구분하여 주류 시장에 먼저 진입하고 이후 사업 확장기에 비주류 시장으로 진출하는 모습을 보였다. 이로 인해, 주류 시장의 핵심 플레이어들이 진입하지 않은 비주류 시장에서 로컬 기업이 '빠른 추격자 전략'으로 빠르게 성장할 수 있었다. 하지만 플랫폼 기업이 핵심 플레이어가

---

5   앤드루 맥아피, 에릭 브린욜프슨, 『머신 플랫폼 크라우드: 트리플 레볼루션의 시대가 온다』, 청림출판, 2018, 170~171쪽.

된다면 더 이상 빠른 추격자 전략은 불가능해진다. 플랫폼 기업은 더욱 빠른 속도로 모든 시장에 침투하기 때문에 빠른 추격자가 성장할 시장을 남겨두지 않는다.

**디지털 플랫폼 모델은 네트워크 효과의 혜택을 누릴 수 있다**

2010년 초의 대한민국과 2019년 현재 대한민국의 커뮤니케이션 방식에 있어서 가장 큰 차이점을 말할 때 모바일 메신저 애플리케이션 '카카오톡'을 빼놓을 수 없을 것이다. 현재 대한민국에서는 남녀노소 할 것 없이 카카오톡으로 메시지를 주고받으며, 메신저 외 기타 카카오톡 제공 서비스를 누리고 있다. 이뿐 아니라 연락처를 교환할 때 혹은 광고 전단지 하단에 문의 전화번호 대신 카카오톡 ID를 이용하는 경우도 심심치 않게 볼 수 있다. 이미 카카오톡은 대한민국 내에서 전화와 겨룰 정도의 통신수단이 된 것이다.

카카오톡은 2010년 3월 출시된 이래 무서운 속도로 플랫폼이 확장되었고, 싱가포르의 테크 전문매체 〈테크인아시아 *Tech in Asia*〉가 2013년 5월에 게재한 기사에서는 이미 하키 스틱 형태로 급격히 성장하는 카카오톡 유저 수를 확인할 수 있다. 2014년에는 90% 이상의 한국 모바일 메신저 유저가 카카오톡을 사용하게 되었다.

카카오톡과 같이 급격하게 성장하는 플랫폼의 대부분은 네트

그림 2-5 ◆ 카카오톡의 이용자 수 초기 성장 곡선

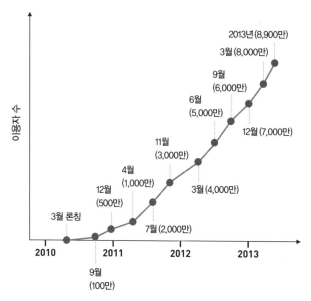

워크 효과를 누리고 있다고 볼 수 있다. 네트워크 효과 혹은 네트워크 외부성이란 1950년대 미국의 경제학자 하비 라이벤스타인 Harvey Leivenstein에 의해 처음 도입된 개념으로, 일단 특정 상품에 대한 수요가 형성되면 이것이 다른 소비자의 상품 선택에 큰 영향을 미치는 현상을 일컫는다. 즉, 상품 혹은 서비스의 품질에 의해서가 아니라 얼마나 많은 사람이 그것을 사용하느냐에 의해 소비자들의 선택이 영향을 받게 되어 그 상품에 대한 수요가 비선형적으로 증가한다는 것이다.

무엇 때문에 이러한 영향력이 발생하는 것일까? 종이 위에 찍힌 점을 생각해보자. 점과 점을 잇는 선이 1의 가치라고 한다면, 점이 하나만 찍혀 있을 때에는 가치가 0이다. 하지만 점을 찍는 수가 늘어남에 따라 그 가치는 1, 3, 6, 10, 15, 21, 28, 36, 45, 55, 66, 78⋯ 결과적으로 얼마 지나지 않아 폭발적으로 가치가 증가한다. 이러한 비선형적 가치 증가로 인해 사용자 역시도 그 가치의 혜택을 누리려고 몰려들어 비선형적으로 증가하는 것이다.

네트워크 효과에는 서로 영향을 주는 사용자가 동일면의 사용 집단인지 아니면 서로 다른 사용자 집단인지에 따라 단면 네트워크 효과와 다면 네트워크 효과로 나누어 생각해볼 수 있다. 단면 네트워크 효과의 대표적인 경우가 카카오톡이다. 카카오톡의 유저 수가 늘어날수록 카카오톡의 유저로 하여금 카카오톡 플랫폼 내에 록인Lock-in하거나 혹은 다른 플랫폼의 유저, 혹은 플랫폼 미사용자를 카카오톡 플랫폼으로 끌어들이는 효과를 가진다.

한편, 애어비앤비나 우버의 경우에는 카카오톡보다 조금 더 복잡하다. 다면 네트워크 효과를 고려해야 하기 때문이다. 카카오톡은 동일한 성격의 서비스 소비자들의 수가 늘어나기만 하면 되는 반면, 에어비앤비나 우버의 경우에는 서비스를 이용하는 소비자의 수에만 초점을 맞출 수 없다. 객실이나 차량 서비스를 제공할 수 있는 외부 생산자들이 많이 모여야 그 서비스를 이용하기 위한 소비자들도 많이 모일 것이고, 소비자들이 많이 모여야 서비스를 제공하려는 생산자들도 많이 모일 것이다. 즉, 소비자와 생산자의 양 측면이 서로에게 영향을 주며 발생하는 네트워크 효과를 다면 네트워크 효과 혹은 양면 네트워크 효과라고 한다.

물론 이러한 네트워크 효과가 항상 긍정적으로 작용하는 것은 아니다. 부정적인 네트워크 효과 중 가장 대표적인 것이 체증 효과이다. 네트워크를 사용하는 사용자가 너무 많이 몰리면 외부 생산자의 경우 경쟁이 심화된다. 치열해진 경쟁은 외부 생산자의 수익구조를 악화시킨다. 또한 소비자의 경우에도 선택지가 너무 많아져 선택에 어려움을 겪게 된다. 이렇게 부정적인 네트워크 효과가 발생하면 오히려 플랫폼의 사용자들이 플랫폼을 이용하는 것이 불편해져 플랫폼을 이탈하기 시작한다. 플랫폼의 폭발적인 성장을 가능하게 했던 네트워크 효과가 플랫폼의 급격한 실패의 요인이 되기도 하는 셈이다. 『플랫폼 레볼루션*Platform Revolution*』에서는 이러한 부정적 네트워크 효과로 인한 급격한 플랫폼의 실패 사례를 웹캠 채팅 플랫폼인 '챗룰렛*Chatroulette*'의 사례를 들어 아래와 같이 소개하고 있다.

챗룰렛은 전 세계에 있는 사람들을 임의로 매칭하여 웹캠으로 대화할 수 있게 해준다. 사람들은 언제든지 새로운 접속을 시도하거나 기존 접속을 끊음으로써 대화창을 떠날 수 있다. 이상할 정도로 중독성 있는 이 사이트는 2009년 사용자 20명에서 시작하여 6개월 후에는 150만 명을 넘어섰다.

맨 처음에는 챗룰렛에 가입요건도 아무런 통제 장치도 없었으며, 이로 인해 나중에는 '벌거숭이 털북숭이' 문제가 일어나게 되었다. 감시 활동 없이 네트워크가 성장하자 다 벗은 털북숭이 남자들이 채팅에 나타나는 경우가 늘어났고, 그렇지 않은 대다수의 사람들이 네트워크를 이탈하게 되었다. 정상적인 사용자들이 떠나자 플랫폼의 노이즈 수준이 올라가면서 부정적인 피드백 고리에 시동이 걸렸다.

챗룰렛은 플랫폼의 성장과 더불어 늘어난 사용자 접근을 걸러내야 한다는 사실을 깨달았다. 이제는 사용자들이 다른 사용자들을 걸러낼 수 있을 뿐 아니라 알고리즘을 이용하여 불쾌한 이미지를 사용하는 접속자들을 추려낸다. 그러면서 챗룰렛은 다시 성장하고 있다. 그러나 이전보다는 성장 속도가 느리다.[6]

챗룰렛 사례에서와 같이 부정적인 네트워크 효과를 해결할 수 있는 방안은 '필터링'이다. 사용자에게 적절한 알고리즘을 제공하

---

6　마셜 밴 앨스타인, 상지트 폴 초더리, 제프리 파커, 『플랫폼 레볼루션: 4차 산업혁명 시대를 지배할 플랫폼 비즈니스의 모든 것』, 부키, 2017, 70~71쪽.

고, 그들이 이를 이용하여 플랫폼상에 올라오는 가치의 품질을 관리함으로써 사용자 스스로 악성 품질의 제품이나 서비스에 노출될 위험을 줄일 때, 부정적 네트워크 효과의 순환을 끊을 수 있다.

네트워크 효과는 이렇듯 부정적인 방향으로 발생하여 플랫폼을 순식간에 무너뜨릴 수도 있다. 하지만 네트워크 효과가 긍정적으로 작용했을 경우, 앞서 보았던 카카오톡의 사례처럼 전통적 기업에서는 상상하기 힘든 폭발적 가치 성장을 경험할 수 있다.

## 디지털 플랫폼 모델은 실시간으로 소비자의 요구에 대응한다

2016년 다보스 포럼 이후, 정계 및 학계뿐 아니라 어린 학생들에게까지 '4차 산업혁명'이라는 용어가 친숙해졌다. 정보화 혁명의 시대가 얼마 지나지 않은 지금, 4차 산업혁명의 실체에 대한 다양한 의견과 정의가 분분하다. 하지만 이들 모두 4차 산업혁명이 3차 산업혁명 시대의 중심인 정보·데이터가 고도로 연결되어 지능화된 사회 변화의 물결을 의미한다는 데에는 의견을 같이한다.

이러한 정보·데이터의 지능화된 초연결성의 중심에는 '고객'이 자리잡고 있다. 변화의 물결은 개개인의 요구에 더욱 맞춤화된 제품·서비스를 제공하는 방향으로 이루어진다. 이제 기업이 표준화된 요구를 정의하고 이에 따라 표준적인 제품·서비스를 공급해왔던 시대가 막을 내리는 것이다. 인공지능, IoT, 빅데이터 등의

4차 산업혁명의 대표적 기술들도 궁극적으로 개인화를 지향하는 방향으로 이용·개발되는 것을 다양한 분야에서 확인할 수 있다.

Part 3에서는 현재 빠르게 발전하고 있는 다양한 디지털 플랫폼 기업들의 인터뷰가 나온다. 인터뷰에서는 공통적으로 이러한 기업들이 고객들의 소리에 신속하게 반응하고 이를 플랫폼상에 반영해나가는 것을 확인할 수 있었다. 즉, 4차 산업혁명의 변화 방향에 맞춰 디지털 플랫폼 기업 역시 고객의 요구에 발 빠르게 대응하는 데 중점을 두고 있었다.

디지털 플랫폼 기업들은 전통적 기업보다 훨씬 빠르게 고객의 요구를 반영할 수 있다. 이는 과거 전통적 기업이 물리적 자본 기반인 것에 반해 디지털 플랫폼 기업은 무거운 물리적 자본 대신 디지털상의 가상 공간에 존재한다는 점에서 이러한 차이가 발생한다. 이 때문에 필연적으로 전통적 기업에서 디지털 플랫폼 모델을 도입한 경우와 디지털 플랫폼 모델로 출발한 기업 간의 소비자 대응 속도 차가 발생한다.

마음챙김 명상 플랫폼 '마보'는 디지털 플랫폼 모델 기반의 스타트업이다. 마보는 사용자들의 목소리를 반영한 콘텐츠를 플랫폼에 바로 바로 제공한다. 개인 맞춤 자산관리 플랫폼 '뱅크샐러드' 역시도 무거운 물리적 자본이 없는 디지털 플랫폼 모델 기반 스타트업이다. 뱅크샐러드는 고객에게 필요한 기능들을 하루 안에 만들어 제공하기도 한다.

PART 3

# 디지털 플랫폼 기업 경영자와의 인터뷰

디지털 플랫폼 모델을 구현하고 있는 각 기업의 최고 경영진들과의 인터뷰를 통해서 Part 2에서 이론적으로 설명했던 모델의 실제 사례들을 소개한다. 스타트업 3개 회사의 창업자들과 인터뷰한 내용이다. 이 중 2개 회사는 국내 스타트업이고, 1개 회사는 미국에서 창업한 사례다. 전통 기업 3개 회사의 최고 경영진과도 인터뷰했다. 기존 가치사슬 모델 기반 사업과 디지털 플랫폼 모델의 시너지 효과가 주요 인터뷰 내용 중 하나다. 여기에 소개한 기업들의 몇 년 후 미래를 예측해보는 것도 도움이 될 수 있다. 소개한 국내 기업들 중에서 가까운 미래에 한국의 유니콘 기업이 나왔으면 하는 것도 필자의 바람이다. 인터뷰는 이 책의 공저자인 이성열과 양주성이 함께 진행했다.

# CHAPTER 1

# 국내 최초 데이터 기반
# 돈 관리 플랫폼, 뱅크샐러드

| | |
|---|---|
| **사례** | 뱅크샐러드 플랫폼 |
| **인터뷰이** | 레이니스트 김태훈 대표 |
| **키워드** | 스타트업, 수직적 디지털 서비스 플랫폼 모델VDSPM, 디지털 플랫폼 기업의 경쟁력, 비즈니스 확장 방안 |

## ▷▶ 회사 소개

스타트업 레이니스트는 금융 데이터를 소비자의 돈 관리 관점에서 바라보고 어떻게 하면 소비자에게 더욱 유익하고 효율적인 자산 관리 서비스를 제공할 수 있을지를 고민하며 만들어진 기업이다. 레이니스트가 운영하는 국내 유일의 데이터 기반 돈 관리 플랫폼 뱅크샐러드는 금융 상품의 선택부터 관리까지, 사용자의 개인 금융을 책임지는 개인 금융 관리 서비스를 제공한다. 또한 뱅크샐러드는 데이터의 수집이 소비자로부터 출발하기 때문에 기존 금융 산업의 가장 큰 문제점이자 존재 기반이기도 한 금융 정보의 비대칭을 해결하는 것을 목표로 한다.

## ▷▶ 사례 선정 이유

레이니스트는 국내 핀테크 업계 최초로 고객의 자산 및 소비 데이터를 분석해 꼭 필요한 금융 솔루션을 제공하고, 이를 기반으로 금융권과 함께 새로운 금융 상품을 개발하는 '데이터 중심 금융DDF: Data Driven Finance'을 모토로 한다. 데이터 기반 금융 인프라를 구축하여 맞춤형 데이터를 융합해 고객과 금융을 연결하겠다고 하는 뱅크샐러드의 사례를 통해 데이터 혁신 시대에 펼쳐질 금융 산업의 미래를 함께 살펴보자.

## ▷▶ 인터뷰

안녕하세요. 김태훈 대표님의 소개와 뱅크샐러드 플랫폼을 시작하게 된 계기를 간단히 들을 수 있을까요?

안녕하세요. 저는 서강대학교 경영학과를 졸업하고 주식회사 레이니스트의 대표이사가 된 김태훈입니다. 저는 대학 재학 시절부터 호기심이 많았고, 도전해야 직성이 풀렸습니다. 특히 다수의 사람들이 비합리적이라고 공감할 만한 분야가 무엇인지에 집중했습니다. 그러다 보니 '금융'이 보였습니다.

일반적으로 직장인의 경우, 사람 당 최소 2~3개의 은행 및 카드사, 보험사와 거래를 하는데, 거래를 위해 해당 사이트 혹은 앱에 따로따로 접촉해야 한다는 것에서 문제의식을 느꼈습니다. 이런 문제의식과 더불어 '왜 금융 거래를 통합하여 관리할 수 있는 서비스가 없을까?' 하는 고민 끝에 뱅크샐러드 플랫폼을 론칭하게 되었습니다.

금융 데이터가 분절되어 있는 상황에서는 개인의 자산 관리가 어렵습니다. 하지만 데이터 분절성만 극복하면 기존에 부유층 대상으로만 제공되던 PB Private Banking (자산관리) 서비스를 모든 고객들이 누릴 수 있습니다. 이를 실현하고자 뱅크샐러드 플랫폼을 시작하게 되었습니다.

**뱅크샐러드의 서비스와 비즈니스 모델을 간단히 설명해주실 수 있을까요?**

 뱅크샐러드 플랫폼에서는 개인의 분절되어 있는 금융 관련 데이터를 통합적으로 보여주고, 데이터를 분석하여 고객에게 가장 최적화된 금융 상품을 추천해주고 있습니다. 그리고 고객 금융 데이터를 축적해왔던 기존 금융사들과는 달리, 처음부터 고객의 관점에서 접근하여 데이터를 수집하였고, 결과적으로 개인의 돈 관리 차원에서 통합적인 관점을 제시할 수 있게 되었습니다. 또한 뱅크샐러드의 금융 전문가들이 만든 분석 알고리즘을 통해 수집된 데이터들을 분석하고, 고객 개인에게 가장 최적화된 카드, 대출 등의 상품 추천, 소득 공제 관리 등의 서비스를 제공하고 있습니다.

한 예로, 얼마 전 론칭한 보험 서비스는 국민건강보험공단으로부터 건강 검진 결과들을 제공받아, 이를 분석하여 한 개인의 미래에 발생할 수 있는 질병을 예측하고 해당 질병을 보장받을 수 있는 최적의 보험 제품을 추천

**그림 3-1 ◆ 금융·신용 데이터 기반 카드 및 대출 추천 서비스**

하는 서비스입니다.

이 서비스는 고객이 기존에 가지고 있던 건강 검진 데이터와 보험 상품 데이터를 결합해 개인에게 최적화된 서비스를 제공할 수 있다는 점에서 주목 받았습니다.

특히 우리 비즈니스 모델은 특정 금융사가 더 많은 돈을 내어 광고를 위로 올리는 구조가 아니라, 철저하게 알고리즘에 기반해 금융상품을 고객에게 추천합니다. 이에 모든 금융사에게 똑같은 정액의 수수료를 받아 운영하고 있습니다.

**뱅크샐러드의 다양한 디지털 서비스가 굉장히 선풍적인 인기를 누리고 있다고 들었습니다. 뱅크샐러드의 현재까지의 성과를 들을 수 있을지요?**

 현재의 뱅크샐러드가 있기까지 여러 시행착오가 있었습니다. 개인적으로는 뱅크샐러드 이전에 네 번의 서비스 론칭을 실패했고, 뱅크샐러드를 출시한 이후에도 버전 1, 2에서는 큰 호응을 얻지 못했습니다. 뱅크샐러드 1.0 출시 당시 MAU[1]가 총 1만 명에 DAU[2]가 500명에

---

1   MAU(Monthly Active User): 월 활성 고객.
2   DAU(Daily Active User): 일 활성 고객.

불과했습니다. 뱅크샐러드 2.0에서는 MAU가 3만 명, DAU가 2,000명 정도의 성과를 올렸습니다. 그리고 현재 뱅크샐러드 3.0은 MAU 150만 명에 DAU 25만 명이라는 획기적인 성과를 거두었습니다.

앱 출시 1년 반이 지난 2019년 2월 기준 누적 다운로드 수 350만 건, 가입자 300만 명을 달성했습니다. 지난 해, 뱅크샐러드의 맞춤형 금융 상품 추천 서비스로 신규 카드를 발급받거나 추가 혜택을 챙겨 이익을 본 사람은 4만 명에 이르고 액수로 따지면 100억 원에 달할 것으로 추정합니다.

또한 예비 이용자들이 가장 걱정하는 보안 관련 사고는 현재까지 0건입니다. 금융 데이터의 특성상 보안에 많은 노력과 투자를 아끼지 않고 있습니다.

레이니스트는 뱅크샐러드 혹은 이외 디지털 플랫폼을 확장할 계획이 있으신가요? 있다면 어떤 방향으로의 확장을 계획하고 계신가요?

 2019년의 일차적 미션은 금융사의 API[3]를 더 많이 연결하는 것입니다. 현재까지 카드와 대출 추천 서비스는 제공하고 있지만 투자, 연금, 보험(건강보험 제외) 등은 아직 제공하지 않습니다. 금융사와 협업을 통해 금융 서비스를 확장하는 것이 단기적인 목표입니다. 여기서 더 나아가 한 개인의 재산, 소비 패턴 등 금융 관련 성향 분석을 통해 미래 재산 추정, 노후 보장 최적화 방법, 포트폴리오 관리 방식까지 제안하는 서비스로 확장하는 것을 올해의 목표로 생각하고 있습니다.

중장기적으로 봤을 때에는 금융 산업을 넘어서 다양한 산업에서도 뱅크샐러드 플랫폼을 통해 배운 문법을 적용할 수 있을 것입니다. 소프트웨어 관련 정책을 연구하고 있는 김재호의 『소프트웨어가 세상을 지배한다』라는 책도 있지만, 저희가 뱅크샐러드 플랫폼을 통해 경험한 바로는 이제 데이터 중심 소프트웨어 Data Driven SW가 소프트웨어 시장을 재편할 것으로 생각합니다. 금융 시장과 같이 기존의 정보 비대칭성과 분절성이 있는 시장에서 데이터를 고객 중심으로 통합하여 비대칭성을 극복한다면 소비자에게 더 이익이 되는 서비스를 제공할 수 있습니다. 중고차 시장도 한 예가 될 수 있습니다. 자동차 사고 이력, 정비 이력 등 자동차 관련 개인의 모든 정

---

3  API(Application Programming Interface): 특정 프로그램의 기능이나 데이터를 다른 프로그램이 접근할 수 있도록 미리 정하는 통신 규칙. 권한의 범위에 따라 '폐쇄형(Closed API)'와 '개방형(Open API)'로 나눔.

그림 3-2 ◆ 레이니스트의 사업 확장 방향성

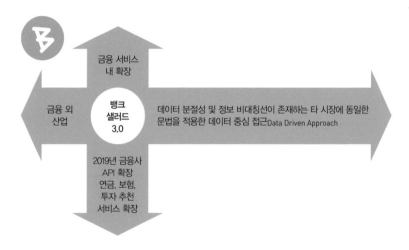

그림 3-3 ◆ 감성적 커뮤니케이션을 하는 뱅크샐러드의 금융비서 서비스

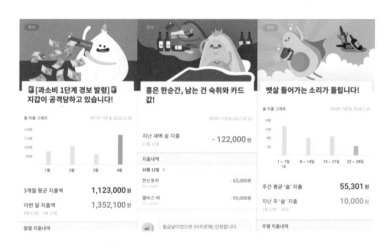

보를 통합한다면 자동차 중개, 보험, 대출 등의 시장에서 정보 비대칭성을 해소하고 상호 이익을 누릴 수 있습니다. 결국 데이터 통합을 통한 정보 비대칭 극복이 새로운 산업 흐름이 될 것이고, 이러한 문법은 금융을 넘어선 다양한 산업에 모두 적용될 것입니다.

현재는 금융 산업 내 확장을 위해서 올 한 해만도 180명 인원 증축을 목표로 노력하고 있습니다. 또한 단순히 금융 정보 비대칭 해소뿐 아니라, 이를 바탕으로 세상에 없던 금융 서비스를 실현하는 데이터 기업으로 진화하는 데도 노력을 기울이고 있습니다. 산발적으로 흩어져 있는 다양한 데이터를 모아 기업은 새로운 산물을 얻고 고객은 안정적인 금융 혜택을 영위할 수 있도록 혁신적이고 창의적인 서비스를 지속적으로 선보일 것입니다.

현재 개인 자산관리 부문에서 독보적인 성과를 보이셨는데, 초기 플랫폼 상에 사용자들을 모으기 위해 어떠한 노력을 하셨나요?

 뱅크샐러드의 월 다운로드 횟수는 약 50만 건입니다. 이 중 10만 건은 대부분 바이럴Viral에 의해 발생하고 있습니다. 인스타그램이나 페이스북 등에 고객들이 올린 뱅크샐러드 관련 포스트를 타고 들어와서 뱅크샐러드를 다운로드하는 경우가 많습니다. 이런 바이럴 마케팅이 가능할 수 있는 일등 공신이 '금융비서' 서비스의 감성적 커뮤니케이션입니다.

이런 감성적 커뮤니케이션은 사실 KBS에서 방송되었던 〈김생민의 영수증〉이라는 TV 프로그램에서 영감을 받아 만들어졌습니다. 영수증은 어떻게 보면 굉장히 딱딱한 오브제일 수 있는데, 이를 공감하고 희화할 수 있다는 것을 보면서 데이터 역시도 감성적으로 접근할 수 있겠다고 생각했습니다.

그래서 지출이 많이 발생한 고객에게는 과소비에 대한 경고로 "숨쉬는 것처럼 돈을 쓰고 있습니다" 혹은 "이번 달은 이미 돌이킬 수 없습니다" 등의 재미있는 경보를 제공합니다. 이런 감성적 커뮤니케이션에 재미를 느낀 고객분들이 SNS에 이 사진을 캡처하여 올리고, 이를 통해 바이럴 마케팅이 활발하게 일어나게 되었습니다.

여러 측면에서 굉장히 파격적인 시도를 많이 하는 혁신적인 스타트업입니다. 미래 금융 산업의 혁신을 선도할 뱅크샐러드 플랫폼과 레이니스트를 응원하겠습니다.

# CHAPTER 2

## 쌍방향 소통으로 명상의 세계를 넓힌 마보

| 사례 | 마보 플랫폼 |
|---|---|
| 인터뷰이 | 마보 유정은 대표 |
| 키워드 | 스타트업, 수직적 디지털 서비스 플랫폼 모델 VDSPM,<br>디지털 플랫폼 기업의 경쟁력, 비즈니스 확장 방안 |

▷▶ 회사 소개

2016년 8월 국내 최초로 '마음챙김 명상'을 디지털 플랫폼으로 구현한 '마보mabo' 앱이 출시되었다. 마보란 '마음보기 연습'의 줄임말로, 다양한 일상 상황에서 마음챙김 명상을 훈련할 수 있는 콘텐츠를 제공하고 있다. 유정은 대표를 포함하여 총 4명의 인원으로 구성된 마보는 2019년 4월 기준 누적 가입자 수 11만 명을 돌파했

그림 3-4 ◆ 마보 앱 화면

고, 콘텐츠 재생 횟수가 110만여 회에 달할 만큼 큰 인기를 누리고
있다.

## ▷▶ 사례 선정 이유

마보의 비즈니스 모델은 스마트폰 애플리케이션이라는 디지털 플
랫폼을 통해 명상 콘텐츠를 제공한다는 점에서 디지털 서비스 플
랫폼 모델DSPM이다. 유정은 대표는 향후 마보 플랫폼을 단계적으
로 확장할 계획이다. 현재 홍콩, 베트남을 비롯한 동남아 국가로
진출하여 그곳의 사람들 또한 현지어로 '마음챙김 명상'을 스마
트폰을 통해 쉽게 경험할 수 있도록 도울 예정이다. 이후, 현재 유
정은 대표만 콘텐츠를 제공하는 데서 나아가 타 명상 콘텐츠 생산

자의 참여를 허용하는 디지털 비즈니스 모델DBPM로 확장할 예정이다.

현재 전 세계적으로 육체적 건강뿐 아니라 정신 건강에 대한 관심이 높아지면서 명상에 대한 관심도 높아지고 있다. 미국에서는 이미 명상의 대중화가 이루어지고 있으며, 온·오프라인 명상 시장도 지속적으로 성장하고 있다. 이러한 시장 성장 트렌드와 더불어 디지털 플랫폼을 지렛대 삼아 명상 콘텐츠를 제공하는 마보의 큰 도약이 기대된다.

### ▷▶ 인터뷰

**안녕하세요. 유정은 대표님의 소개를 간단히 들을 수 있을까요?**

저는 한국내면검색연구소의 대표이자 지퍼즈gPause Seoul (구글 캠퍼스 서울의 명상하는 창업가 모임)의 운영자 유정은 입니다. 현재 마음챙김 명상 애플리케이션 마보를 운영하고 있습니다.

**우선 마보라는 스타트업을 창업하게 된 이유가 가장 궁금합니다. 혹시 특별한 계기가 있으셨는지요?**

저는 원래 마음챙김 명상에 대해 관심을 갖기 전에 외국계 컨설팅 기업에서 조직 인사 컨설턴트로 일했습니다. 순진한 생각이긴 했지만, 그때 당시에는 회사의 조직 구조와 업무 프로세스를 효율화하고 인사 제도를 개선하면 조직원들이 좀 더 행복하게 일할 수 있을 거라고 생각했습니다. 하지만 프로젝트를 진행하다 보니 아무리 좋은 조직 구조와 인사 제도를 만든다고 하더라도 직원들 개개인의 마인드셋이 따라주지 않는다면 여전히 행복한 문화를 가질 수 없다는 것을 깨달았습니다. 그래서 '개개인의 마음은 어떻게 바뀔 수 있을까?'라는 질문에 봉착했고, 결국 저는 회사를 그만두고 서울대 조직심리학 박사 과정에 들어가게 되었습니다.

대학원에서 우연히 구글의 엔지니어 차드 멩 탄Chade Meng Tan이 쓴 『너의 내면을 검색하라Search Inside Yourself』라는 책을 보고 머리를 한 대 얻어맞은 것 같은 경험을 했습니다. '내가 아무리 좋은 리더십 교육 프로그램을 만들어도 이 책에 나와 있는 명상처럼 사람의 내면까지 바꿀 수 있는 프로그램은 못 만들겠구나!'라는 생각 때문이었습니다. 차드 멩 탄은 명상 프로그램을 통해 많은 구글러들의 인생을 바꾸고 있었습니다. 그다음 날 바로 차드 멩 탄에게 이메일을 보냈고, 신기하게 차드 멩 탄은 저를 어떻게 도와줄 수 있겠냐고 답장을 해왔습니다. 메일을 받자마자 찾아가겠다고 답장했고, 3개월 후에 구글 본사로 만나러 갔습니다. 그렇게 마음챙김 명상을 시작하게 되었습니다. 이후 2013년부터 한국에서도 구글 명상 프로그램을 도입하고 있고, 2016년에는 제가 하고 있었던 스타트업 명상 모임을 통해 만난 사람들을 주축으로 마음챙김 명상 스마트폰 애플리케이션 마보mabo를 시작하게 되었습니다.

**명상 프로그램을 명상원이나 강의 등을 통해 오프라인으로 교육하는 것이 아니라 스마트폰의 디지털 플랫폼으로 구현한 이유가 있을까요?**

 제가 마보를 만들기 시작할 당시인 2015년에 이미 미국에서는 헤드스페이스Headspace, 캄Calm 등의 명상 애플리케이션이 한창 인기를 누리고 성장해가고 있었습니다. 그래서 미국보다는 느리지만 한국 시장에서도 정신 건강에 대한 관심이 꾸준히 증가하고 있고, 명상에 대한 시장이 확대될 것이라는 확신이 있었습니다.

하지만 한국의 많은 오프라인 명상센터들은 종교적 색채를 띠거나 사이비이거나, 혹은 자격증 과정을 제공하는 학원과 같은 형식으로 운영되는 경우가 많습니다. 그렇기 때문에 아직 대중들이 명상에 쉽게 접근하기 어려운 것이 사실입니다. 그래서 사람들이 일상생활에서 쉽게, 실생활에서 도움이 되는 방향으로 마음챙김 명상을 접할 수 있도록 스마트폰상에 플랫폼을 만들게 되었습니다.

**현재 마보의 플랫폼 비즈니스 모델을 간단하게 설명해주실 수 있을까요?**

 현재 마보는 정기구독 모델로 운영되고 있습니다. 7일 간의 콘텐츠 무료 이용 기간을 제공한 이후, 구독자들이 1, 3, 6, 12개월 단위로 구독권을 구매할 수 있습니다.

현재의 마보를 버전 1.0이라고 본다면, 버전 1.0은 주로 제가 상황별로 필요한 명상에 대한 가이드를 제공하는 약 200개의 가이드 명상Guide Meditation 콘텐츠로 구성되어 있습니다. 이제 2년이 넘어가고 나니 유저들 중에서도 명상을 제대로 배워보고 싶다는 니즈가 생기는 것 같습니다. 그래서 이러한 분들을 위해 2020년에는 4주, 8주의 프리미엄 코스를 제공하는 마보 2.0 버전을 출시하려고 합니다.

그 사이 버전 1.5에서는 저 외의 다른 종류의 명상을 하는 선생님들이 명상 콘텐츠를 만들어 올릴 수 있도록 할 계획입니다. 나아가 마보의 유저 수가 충분히 많아진다면 마보 3.0 버전에서는 각 명상 선생님들이 O2O 방식으로 마보를 통해 오프라인 명상 클래스를 열고 학생을 관리할 수 있도록 플랫폼을 확장할 계획입니다.

그림 3-5 ◆ 마보 플랫폼 확장 계획

2016년 8월부터 마보 플랫폼을 론칭하셨다고 들었는데, 그 후 성과는 어땠나요?

정신 건강이 웰빙의 새로운 트랜드가 된 시대의 흐름에 따라 마보 앱도 빠른 속도로 성장하고 있습니다. 마보는 매출 기준 국내 헬스 앱 상위 3위권에 꾸준히 들고 있어서 작년에는 구글플레이 2018 어워드 '올해를 빛낸 숨은 보석 앱' 우수상을 수상하기도 했습니다.

또한 매분기별 80% 이상의 매출 증가를 기록하고 있는 중입니다. 마보는 일주일 무료 체험 후 유료로 바뀌는 방식인데, 이러한 유료 전환 일이 현재 약 7%대(30일 기준)에 이르고 있습니다. 최근에는 재생 횟수가 110만을 돌파하는 기록을 세우기도 했습니다. 현재 가입자 수는 11만 명에 달하며, 다운로드 수는 15만을 넘어섰습니다. 마보는 초기부터 '와디즈Wadiz'라는 크라우드 펀딩[4] 플랫폼을 통해 평생 이용권을 판매하는 방식으로 시작해

2017년에 마찬가지로 크라우드 펀딩 플랫폼인 '스토리
펀딩Story Funding'에서도 좋은 성과를 거두었습니다.

2019년 4월 기준, 가입자 11만 명을 돌파할 정도로 많은 마보 플랫폼 유
저들을 보유하고 계신데, 처음에 플랫폼상에 사용자들을 모으기 위해 어떠한
노력을 하셨나요?

 앞서 말씀드린 것처럼, 초기에는 '와디즈Wadiz'라는 크라
우드 펀딩을 통해 평생 이용권을 판매했습니다. 그때 마
보는 거의 베타 버전이었음에도 불구하고 당시 약 2개월
동안 723%를 달성하여 약 1,450만 원을 펀딩받아 iOS
버전 개발을 시작할 수 있었습니다. 이때 펀딩해주셨던
약 480명의 마보 유저들은 지금도 마보의 가장 든든한
지원자들입니다. 그리고 다음 해에 마음보기 연습(마보)
책이 출간되면서 카카오 스토리 펀딩 플랫폼과도 크라
우드 펀딩을 했는데, 이때는 달성률 1,500%, 약 3,000만
원, 752명의 참여를 이끌어 내면서 더 큰 홍보 효과를
거두었습니다.

---

4    크라우드 펀딩(Crowd Funding): 대중(crowd)으로부터 자금을 모아(funding) 좋은 사
     업이나 아이디어에 투자하는 제도.

이렇게 플랫폼의 초기에는 열렬한 팬층을 확보하는 게 마보의 성장에 중요하게 작용했습니다. 여러 가지 이벤트나 쿠폰을 제공하여 한꺼번에 많은 수의 사용자를 모으는 방법도 있지만, 그렇게 모은 유저 그룹은 일시적인 경우가 많기 때문에 적지만 충성도 높은 팬층을 만들어 놓는 것이 중요합니다.

또한 와디즈와 같은 온라인 플랫폼뿐만 아니라 오프라인상에서도 명상 모임을 통해 명상에 관심 있는 사람들을 대상으로 팬층을 확보하고 있습니다. 저는 2015년부터 매달 한 번씩 '지퍼즈'라는 구글의 내부 명상 동아리 모임을 구글에서 스타트업을 위해 제공하는 구글 캠퍼스 서울에서 공개 모임으로 진행합니다. 마음챙김 명상뿐만 아니라 스타트업의 문화에 호기심을 가지고 있는 분들이 오는 모임이라 금방 입소문이 퍼졌고, 거기서 만난 사람들 간에 교류가 지속되면서 마보가 더 알려지는 데 큰 도움이 되고 있습니다.

**타 경쟁사 대비 마보만의 강점 및 자랑할 거리가 어떤 것이 있을까요?**

 마보는 마음챙김 명상을 일상에 바로 접목할 수 있도록 쉽고 실용적으로 만들어졌지만 그 원리나 내용만큼은 최신 심리학과 뇌과학 연구에 기반하고 있습니다. 제가 가장 중점을 두는 부분은 누구나 신뢰할 수 있는 좋은 콘텐츠를 만드는 것입니다. 마보 플랫폼은 타 명상 제공 기관에 비해 사용자의 초기 사용 진입 장벽이 낮을 뿐만 아니라 안전하고 친숙합니다. 또한 다른 명상 앱들에 비해 더 중점을 두고 있는 부분은 사용자들과의 커뮤니케

그림 3-6 ◆ 구글플레이 어워드 2018 '올해를 빛낸 숨은 보석 앱'을 수상한 마보 유정은 대표

이션입니다.

우선 마보에는 '마보지기에게 물어보세요'라는 콘텐츠가 있습니다. 유저들이 질문을 보내면 제가 마보를 통해 답변을 하는 건데, 이런 콘텐츠를 통해 마보 사용자들은 마보앱에서 일방적으로 콘텐츠를 소비하는 것이 아니라 참여한다는 느낌을 가질 수 있습니다. 또한 마보를 통해 명상을 하고 자신의 느낌과 소감을 남길 수 있도록 했는데, 이 역시 마보 유저들이 남들과 자신의 경험을 나눔으로써 소속감과 동질감을 느꼈으면 하는 바람에서 마련한 것입니다. 이렇게 유저들과 계속 소통하고 이를 콘텐츠로 제공하며 함께 커나가는 것이 마보의 큰 장점이자 자랑거리입니다.

플랫폼을 통해 사용자의 소리에 더욱 귀기울이고 실시간으로 대응하는 마보 플랫폼이 굉장히 인상적입니다. 명상 시장에 플랫폼을 도입하여 새로운 바람을 불러일으킨 유정은 대표님의 활약을 앞으로도 지켜보겠습니다.

# CHAPTER 3

# 맞춤형 학습 지원
# 플랫폼, 구루

| | |
|---|---|
| **사례** | 구루Gooroo 학습 플랫폼 |
| **인터뷰이** | 구루 CEO이자 창립자 스캇 리Scott Lee 대표 |
| **키워드** | 스타트업, 수직적 디지털 비즈니스 플랫폼 모델VBSPM, |
| | 해외 사례, 비즈니스 확장 방안, 에듀테크, 뉴욕, 튜터, 학생, |
| | B2C, B2B2C |

## ▷▶회사 소개

미국 뉴욕시에 있는 컬럼비아대학교를 졸업하고 뉴욕 월가 금융
권에서 몸을 담고 있던 스캇 리Scott Lee(이용복) 대표는 본인이 학생
시절에 지속적으로 생각해왔던 문제에 착안하여 학습 플랫폼 스
타트업을 창업하게 되었다. 스캇 리 대표는 학창 시절 학생들이 느

끼는 학업적 부담에 공감했고, 이를 덜어주기 위해 학생과 강사를 연결해주는 '구루Gooroo'라는 모바일과 애플리케이션을 개발했다. 2016년 3월 출시된 구루는 미국 뉴욕 맨해튼에 있는 모든 학생들의 개인 학습을 편리하게 해주는 B2C와 B2B2C 모델을 탑재한 앱이다. 뉴욕 교육청과 성공적으로 협약을 맺었고 중국에서 가장 큰 교육 회사인 '탈 에듀케이션TAL Education'과도 협력 관계를 맺어 현재 많은 중국 학생들에게 교육 서비스를 제공하고 있다. 2019년에는 많은 관련 파트너 사들과 협력 관계를 맺어 미국 전역의 38개의 아파트에 사는 1만 2,000명의 주민들에게 교육 서비스를 제공하는 방식으로 사업을 확장하고 있다. 2019년 5월 기준으로 스캇리 대표를 포함하여 총 15명의 인원으로 구성된 구루는 이미 기준 누적 가입자 수 10만 명을 돌파했으며, 현재 2,000명의 강사진이 300가지의 과목을 가르치고 있다. 명실공히 뉴욕을 넘어 미국의 에듀테크EduTech 스타트업으로 자리잡은 것이다.

▷▶ **사례 선정 이유**

구루의 비즈니스 모델은 스마트폰 애플리케이션이라는 디지털 플랫폼을 통해서 강사들과 잠재 학생들이 연결된다는 점에서 디지털 비즈니스 플랫폼 모델DBPM이다. 공유 경제를 교육이라는 부문과 연결시킨 것이다. 현재 구루는 뉴욕시의 교육청으로부터 공식적으로 '공급자' 자격을 받아서 강사, 학생 그리고 학부모 모두가 신뢰하고 뉴욕시의 교육 정책에 부합하는 교육 서비스를 제공하고 있다. 스캇 리 대표는 향후 구루를 단계적으로 다른 미국 동부에 있는 보스턴, 시카고, 필라델피아 등 여러 도시로 확장할 계획이라고 밝혔다.

### ▷▶ 인터뷰

안녕하세요. 스캇 리 대표님의 소개를 간단히 들을 수 있을까요?

 구루 대표이며 창업자인 이용복입니다. 저는 항상 창업에 대한 열정을 품고 살았습니다. 고등학교, 대학교 시절 저는 이미 한국에서 비영리단체인 피어튜터PeerTutor를, 미국에서는 패션 사업인 머드 카페Mud Café를 설립했습니다. 고등학교 때 시작한 비영리단체 피어튜터는 한국의 6,000명이 넘는 저소득층 고등학생들과 영어교사를 연결하는 비영리 자원봉사 플랫폼이었습니다.

피어튜터라는 과외 서비스가 결국에는 구루를 설립하는 데에 첫 발걸음이자 디딤판이 되었습니다. 대학 졸업 이후 사회에 진출하기 위해 뉴욕 월가에 몸을 담게 되었고, 그 결과 뉴욕 존 피어폰트 모건J.P. Morgan의 치프 인베스트먼트 오피스Chief Investment Office에서 애널리스트의 직책을 맡게 되었습니다. 그러나 이곳에서의 경험은 제 열정이 금융에 있지 않다는 것을 깨닫는 중요한 경험이 되었습니다. 저의 꿈, 저의 초기 비전인 평생 학습을 더욱더 확장시키고 싶었고, 구루는 그렇게 탄생했습니다.

**구루 플랫폼은 어떻게 시작하게 되었나요?**

컬럼비아대학에서 2학년 과정을 마친 이후, 군대에 입대하기 위해서 휴학을 했습니다. 군복무를 마치고 다시 3학년에 복학하기 위해 뉴욕에 돌아왔을 때, 오랫동안 공부를 접어두었던 만큼 수업과 과제를 따라잡기가 쉽지 않았습니다. 컬럼비아대학에서 학습을 위해 많은 지원이 제공되었지만, 저에게 딱 맞는 학습 지원 서비스는 존재하지 않았습니다. 저는 저뿐만 아니라 학생 개개인의 학습 유형, 일정과 재정에 맞춰진 학습 지원 시스템이 필요하다는 것을 느끼게 되었습니다. 하지만 안타깝게도 이런 시스템을 찾기 어려웠고, 결국 저 스스로 이를 제공하는 플랫폼을 만들어보자는 생각으로 구루를 설립하게 되었습니다.

**구루 플랫폼이 어떤 방식으로 운영되는지 설명해주실 수 있을까요?**

구루 플랫폼은 모든 학생이 서로 다르고 특별하다는 점을 중요하게 생각합니다. 모든 학생은 학습 유형, 학습 속도 및 학습 일정이 각각 다릅니다. 그렇기 때문에 구

## 그림 3-7 ◆ 구루의 학습 특성 분석 플랫폼 화면

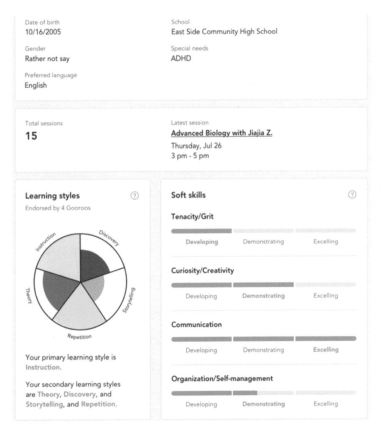

Date of birth
10/16/2005

School
East Side Community High School

Gender
Rather not say

Special needs
ADHD

Preferred language
English

Total sessions
15

Latest session
**Advanced Biology with Jiajia Z.**
Thursday, Jul 26
3 pm - 5 pm

**Learning styles** ⑦
Endorsed by 4 Gooroos

Instruction / Discovery / Storytelling / Repetition / Theory

Your primary learning style is Instruction.

Your secondary learning styles are Theory, Discovery, and Storytelling, and Repetition.

**Soft skills** ⑦

**Tenacity/Grit**
Developing    Demonstrating    Excelling

**Curiosity/Creativity**
Developing    Demonstrating    Excelling

**Communication**
Developing    Demonstrating    Excelling

**Organization/Self-management**
Developing    Demonstrating    Excelling

출처 : 구루

**그림 3-8 ◆ 구루의 세션별 실시간 피드백 화면**

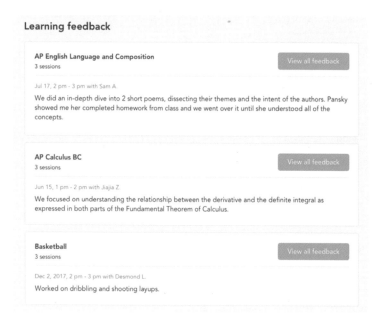

출처 : 구루

루의 플랫폼은 먼저 각 학생의 학습 특성과 관심사를 분석합니다. 그런 다음, 머신 러닝을 사용하여 학생의 필요에 적합한 개인 교사를 자동적으로 맞춰줍니다. 이후, 구루 앱은 각 학생의 학습 과정을 지속적으로 관찰하고, 학생과 학부모에게 매 세션마다 실시간 피드백을 제공합니다. 이뿐 아니라 구루는 분기별 진도 보고서를 작성하여 각 학생의 강점, 약점 및 학습 계획을 알려드립니다. 저희는 학생들이 현재뿐만 아니라 미래에도 성공할 수 있도록 각 학생의 학습 여정의 나침반이 되길 희망합니다.

**구루의 비즈니스 모델을 설명해주실 수 있을까요?**

 구루는 평생 학습을 증진시키기 위해 노력합니다. 현재 회원 가입 모델을 통해 학생들은 지정된 구루(과외 선생)와 정기적으로 수업하게 됩니다. 구루 멤버십에 등록된 후에 학생들은 한 달에 과외 시간이 몇 시간씩 필요한지 선택하게 되며, 매달 대략 5시간에서 15시간 정도로 진행합니다. 또한 회원들은 월간 가입 혜택을 받을 수 있습니다. 과외 활동 외에 분기별 진행 보고서, 개인 학습 컨설턴트, 교육 워크숍 및 이벤트 무료 이용과 같은 혜택을 모든 구루 이용자가 받을 수 있습니다.

**그렇다면 구루 플랫폼상에 초기 사용자들을 모집하기 위해 어떤 노력을 하셨나요?**

 여느 신생 기업과 마찬가지로, 창립 초기에는 구루에 속한 모든 인원들이 많은 노력을 기울였습니다. 컬럼비아대학으로부터 몇 미터 떨어지지 않은 곳에 오피스가 있었기 때문에 CEO인 저를 포함한 구루 전원이 처음에는 캠퍼스에서 전단지를 돌리면서 사람들을 만났습니다. 쉬운 일은 아니었지만 기획팀과 함께 저는 각 학생들과 직접 면담했고, 구루의 장점을 알려줌으로써 잠재적인 유저들을 유치하는 데 처음으로 성공했습니다. 저는 수백 명의 학부모님 집에 초대 받아 직접 만나서 많은 이야기를 듣고 배울 수 있었습니다. 지금도 그분들이 연락을 주시면 저는 만사를 제쳐놓고 가서 듣고 관계를 쌓아갑니다. 저희 플랫폼이 학생들에게 도움을 주는 것도 중요하지만 학부모님들에게 학생들의 잠재성과 가지고

**그림 3-9 ◆ 구루 이용복 대표 (가운데)**

있는 능력을 재대로 알려주는 것도 구루에겐 정말 중요한 과제이기 때문입니다. 초창기 구루 선생님들이 저희 브랜드 이미지에 직접적 연관이 있기에 많은 선생님들을 모시고 커피도 마시고 한국 한인타운의 음식점에서에서 갈비Korean BBQ와 한국 음식을 먹으면서 많이 토론하고, 어떻게 하면 선생님들에게 신뢰를 받고 이용자 친화적인user-friendly 플랫폼으로 성장할 수 있을지 같이 고민했습니다.

일률적인 학습 서비스를 제공하는 것이 아니라, 개인에 맞춤화된 학습 코칭을 제공하는 구루는 교육 산업의 미래를 선도할 것으로 보입니다. 구루 학습 플랫폼의 번영을 기대하겠습니다.

**CHAPTER 4**

# 디지털 서비스 플랫폼으로
# 신뢰감을 높인 두산중공업

| 사례 | 두산중공업 디지털 서비스 플랫폼 |
|---|---|
| 인터뷰이 | 두산중공업 전략·혁신 부문 송용진 부사장 |
| 키워드 | 전통 기업, 기계산업, 디지털 서비스 플랫폼 모델, |
| | 기존 사업의 경쟁력 강화, 예지 정비, 최적화, 데이터 획득 |

▷▶ **회사 소개**

원자력, 화력, 풍력 등의 발전설비, 해수 담수화 플랜트Plant, 환경 설비 및 관련 소재를 제작하고 발전소 및 담수 플랜트 등을 건설 하는 기업이다. 2017년 연결 재무제표 기준 매출 14조 5,000억 원 의 한국의 대표적인 발전·담수 설비 제조 및 플랜트 시공업체EPC: Engineering Procurement Construction 기업이다. 보일러Boiler 원천기술을 보유한 영국의 두산 밥콕Babcock과 증기 터빈 원천기술을 보유한 체코의 스코다 파워Skoda Power 등을 자회사로 가지고 있다. 주요 글로벌 경쟁사로는 미국의 제너럴일렉트릭GE과 일본 미쓰비시히타치 파워시스템MHPS: Mitsubishi Hitachi Power Systems 등이 있다.

**그림 3 – 10 ◆ 두산중공업**

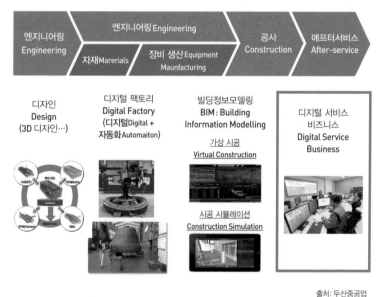

BIM(Building Information Modelling) : CAD를 이용해서 3차원으로 건축물을 설계하는 프로그램을 말한다. 설계부터 시공·유지·관리·폐기에 이르는 건물의 전체 라이프 사이클을 시뮬레이션 해볼 수 있다.

## ▷▶ 사례 선정 이유

두산중공업은 발전설비 등을 제조하는 전통 기업이지만 디지털 기술을 이용하여 예지·정비 및 플랜트 최적화 등과 같은 디지털 서비스를 기존의 고객들에게 추가로 공급한다는 의미에서 디지털 서비스 플랫폼 모델DSPM이다. 또한 중공업 산업의 디지털 서비스를 제공한다는 측면에서 수직적 산업 서비스를 제공하는 사례이기도 하다. 전략·혁신을 맡고 있는 송용진 부사장은 이러한 디지털 서비스가 두산중공업에게 주요한 전략적 경쟁우위를 제공한다고 생각한다.

두산중공업은 2013년 소프트웨어 개발팀과 데이터 분석팀 등으로 구성된 디지털 이노베이션 조직을 신설했다. 이들은 발전 플랜트 고장을 사전 예측하고 진단하는 프리비전PreVision, 스마트폰으로 풍력 발전기 운영 현황을 실시간으로 모니터링하고 원격 관리하는 윈드 슈퍼비전Wind Supervision 등의 프로그램을 개발했다. 두산중공업은 앞으로 해수 담수화 플랜트Plant와 가스터빈, 복합화력 플랜트 등에도 이 같은 디지털 솔루션을 확대 적용할 계획이다.

## ▷▶ 인터뷰

안녕하세요. 송용진 부사장님의 소개를 간단히 들을 수 있을까요?

안녕하세요. 저는 두산중공업의 전략·혁신 부문을 담당하고 있는 송용진 부사장입니다. 두산중공업에서 전략,

인수 합병, 디지털 혁신 및 연구개발을 총괄하면서 최고전략책임자CSO: Chief Strategy Officer와 기술담당최고책임자CTO: Chief Technology Officer를 겸임하고 있습니다. 개인적으로는 엔지니어로 제조업에서 커리어를 시작해서 컨설팅 회사에서 컨설턴트로 일하다가 그 이후 전자, 제조업, 중공업 산업 현장에서 다양한 경험을 쌓았습니다. 산하에는 전략기획팀, 디지털 이노베이션, 그리고 연구소 역할을 하는 기술혁신 부문 등이 있습니다. 현재 두산중공업의 디지털 전환을 총괄하고 있으며, 중공업의 전 가치사슬에 있어서 디지털 기술 접목을 통한 경쟁력 향상 및 성공적인 디지털 전환에 가장 큰 관심을 가지고 있습니다.

**현재 송용진 부사장님께서 진행하고 있는 발전 사업의 디지털 전환과 플랫폼 모델에 대해 간략하게 소개해주실 수 있는지요?**

 두산중공업은 지난해 3월부터 SAP의 '레오나르도Leonardo' 플랫폼 기술(설치형 Type)[5]을 활용해 발전소 효율 향상과

---

5   일반적으로 발전 산업은 국가 기간산업으로 발전설비 데이터의 외부 유출이나 국외 반출을 금지하는 법. 제도적 환경으로 설치형(On-Premise)으로 레오나르도(Leonardo) 기술 플랫폼을 활용하여 구축하였다. 레오나르도가 일반적으로 클라우드 기반으로 통용되므로 참조하기 바람.

고장 예방을 위한 소프트웨어 프로그램을 개발하고 있습니다. 발전 플랜트 고장을 사전 예측하고 진단하는 프리비전, 스마트폰으로 풍력 발전기 운영 현황을 실시간으로 모니터링하고 원격 관리하는 윈드 슈퍼비전 등의 디지털 솔루션(소프트웨어 프로그램 등)이 그 예입니다.

저희 디지털 서비스 플랫폼은 경쟁사의 산업 인터넷 플랫폼과는 다른 접근법을 가지고 있습니다. 가장 큰 차이는 두산중공업이 잘하는 부분, 즉 발전소 설비 유지 및 최적화 로직 부분(도메인 지식)에 집중하고, 소프트웨어 플랫폼은 기업용 소프트웨어 플랫폼을 제공하는 SAP 사의 플랫폼을 사용합니다. 이와 같은 접근법을 통해서 개발 기간 및 비용을 획기적으로 단축할 수 있습니다. 또한 SAP '레오나르도'라는 글로벌 브랜드의 소프트웨어 플랫폼을 사용함으로써 우리의 고객들에게 플랫폼 자체에 대한 신뢰감을 주고 두산중공업이 아주 잘하는 부분에 집중함으로써 고객들의 신뢰감을 더욱 높일 수 있습니다.

또 다른 특징은 디지털 서비스를 개발할 때 고객과의 적극적인 대화를 통해서 고객 지향의 쌍방향 서비스를 개발한다는 점입니다. 소프트웨어를 처음 개발할 때부터 애자일Agile 방식으로 고객의 요구 사항과 가치를 협의하여 함께 핵심 기능을 담은 시제품MVP을 만듭니다. 이 시제품과 데이터를 가지고 고객과 함께 테스트하고 거기서 나온 문제점이나 새로운 요구 사항을 바탕으로 다시 개선하여 개발하는 방식입니다. 이것은 전통적인 방식의 오랜 시간이 소요되는 수동적인 기획이나 설계 과정보다는 상용 플랫폼 위에서 고객과의 상호작용을 통해서 디지털 솔루션과 서비스를 빠른 시간 내에 개발하여 검증하고 고객에게 제공하는 방식입니다. 고객이 필요로 하는 디지털 서비스를 제공함으로써 고객에게 좀 더 도움이 많이 될 수 있습니다.

두산중공업은 기존의 발전설비 고객들에게는 추가로 디지털 서비스를 제공함으로써 기존 사업의 경쟁력을 강화시킬 수 있을 뿐만 아니라 두산의 발전설비를 구매하지 않은 즉 경쟁사 제품을 사용하고 있는 예비 고객들에게도 디지털 서비스를 제공하여 향후 두산중공업의 고객이 되는 데 큰 도움을 줄 수 있습니다.

**그렇다면 현재까지 두산중공업 플랫폼의 성과 혹은 파급 효과가 있었는지요? 그리고 향후 두산중공업의 플랫폼 확장에 대한 계획이 있으신지요?**

 인도 굴지의 발전소에 디지털 솔루션과 서비스를 판매하여 현재 시험 운영 중에 있습니다. 시험 운영이 성공하여 정상 운영 시 고객들은 향후 환경오염 물질의 저감과 보일러 운영 비용을 많이 절감할 수 있을 것으로 기대하고 있습니다. 아울러 중동의 담수 플랜트를 운영하는 고객과도 플랜트 효율 향상을 위한 파일럿 프로젝트를 착수했습니다.

파워Power 부문에서는 1차로 석탄 발전소를 대상으로 디지털 솔루션과 서비스를 개발했습니다. 향후 신재생 에너지인 풍력발전으로 확장할 계획을 가지고 있습니다. 이 때는 클라우드 플랫폼을 이용하려고 합니다.

워터Water 부문에서는 해수 담수화 설비 분야로 디지털 서비스 플랫폼을 확장할 계획입니다. 해수 담수화 설비

그림 3-11 ◆ 두산중공업 신문기사

출처: 두산중공업

분야에서는 스마트 유틸리티Smart Utility 알고리즘을 활용하여 전기와 케미컬 비용을 최적화할 수 있는 디지털 서비스를 제공할 것입니다.

이외에도 현재 저희 두산중공업이 개발하고 있는 가스 터빈에 대해서도 연소의 최적화, 정비 업무의 효율화 등 고객 니즈에 맞춘 디지털 솔루션을 개발하여 차별화된 경쟁력을 갖게 될 것입니다.

전통 기업인 두산중공업이 예지·정비 및 플랜트 최적화 등과 같은 디지털 서비스를 기존의 고객들에게 추가로 공급하는 모습이 매우 흥미롭습니다. 두산중공업의 디지털 전환과 플랫폼의 지속적 확장, 발전이 기대됩니다.

# CHAPTER 5

# 에듀테크 시장을 선도하는 웅진씽크빅

| | |
|---|---|
| **사례** | 웅진씽크빅 학습 플랫폼 |
| **인터뷰이** | 웅진씽크빅 이재진 대표이사 |
| **키워드** | 전통 기업, 수직적 디지털 서비스 플랫폼 모델VDSPM, 웅진씽크빅 학습 플랫폼, 비즈니스 확장 방안 |

## ▷▶ 회사 소개

1980년 '도서출판 헤임인터내셔널'이라는 이름으로 설립된 웅진씽크빅은 회원제 학습지와 전집 도서 기반의 어린이 교육 서비스를 비롯하여 공부방, 학습 센터, 온·오프라인 단행본 출판 등 유아에서 성인을 아우르는 다양한 교육 문화 콘텐츠를 개발·제공하고 있다.

4차 산업혁명에 앞서 2014년 디지털기기와 결합한 회원제 독서·학습 융합 프로그램인 웅진북클럽을 론칭하고, 호텔·리조트, 테마파크, 전시·콘서트 등 다양한 분야의 기업과 제휴를 통해 어린이와 가족 생활 전반을 큐레이션하는 교육 문화 기업으로 성장하고 있다.

## ▷▶ 사례 선정 이유

교육 출판 산업에 있어 한국 최대 전통 기업이라고 할 수 있는 '웅진씽크빅'은 변화하는 시대의 흐름 앞에 발 빠르게 대처하여 '에듀테크' 업체로 변신했다. 기존의 학습지, 전집의 방대한 학습 데이터를 디지털화한 것과 더불어 AI 학습 시스템의 도입과 플랫폼 멤버십 서비스의 제공으로 전통적인 학습지, 전집 시장에 새로운 방향을 선도했다. 한국의 대표적인 교육 서비스 선두 기업의 혁신적 변화를 함께 살펴보는 것은 빠르게 변화하는 디지털 혁신 시대에 대한 깊은 통찰력을 제공할 것이다.

## ▷▶ 인터뷰

안녕하세요. 이재진 대표님의 소개를 간단히 들을 수 있을까요?

안녕하세요. 저는 웅진씽크빅 대표이사 이재진입니다. 삼성물산과 PwC 컨설팅을 거쳐 2004년 웅진그룹에 입사했습니다. 지주회사인 ㈜웅진의 IT 사업본부장을 거처, ㈜웅진 IT 사업부문 대표이사를 역임했습니다.

웅진씽크빅이 전통적 비즈니스 모델을 전환하여 디지털 학습 서비스 플랫폼 모델을 운영하고 있다고 들었습니다. 이에 대한 설명을 간단히 들을 수 있을까요?

웅진씽크빅은 2014년 스마트 독서·학습 플랫폼 '웅진 북클럽'을 출시했습니다. 독서와 학습을 융합한 웅진북 클럽은 매달 회비를 내면 도서 구입뿐 아니라 태블릿 PC 기반의 디지털 콘텐츠를 이용할 수 있는 회원제 프로그램입니다. 웅진북클럽은 웅진씽크빅의 도서뿐 아니라 국내 150여 개 출판사와 해외 유명 출판사의 전집, 백과사전, 교과서 등 약 1만 개의 콘텐츠를 제공하는 오픈 플랫폼입니다. 현재는 AI 기반 데이터 분석 기술을 접목해 도서를 '맞춤 추천'을 해주는 '북큐레이션' 서비스도 제공하고 있습니다.

2015년에 AI 기반의 신개념 학습 서비스 개발을 위해 실리콘밸리 에듀테크 기업 '키드앱티브Kidaptive'와 협력하여 2018년에는 AI 기술을 이용해 방대한 양의 학습 데이터를 분석했습니다. 그 결과, 회원들로부터 얻는 하루 1,100만 건 이상의 빅데이터를 개인별 맞춤 분석해주는 '북클럽 AI 학습코칭' 서비스를 오픈했습니다.

북클럽 AI 학습코칭은 크게 습관 분석과 문항 분석 프로 그램으로 나뉩니다. '습관 분석 프로그램'은 개인별로 성적 향상을 방해하는 습관을 알려줍니다. 아이들이 학습하는 과정을 밀리세컨드 단위로 포착한 빅데이터를 분석하여 문제풀이 습관, 공부 습관 등을 분석합니다. 매일 계획된 디지털 학습을 완료하면 '습관적으로 문제를 풀지 않고 찍는 행동', '아는 문제만 풀려고 하는 행동', '틀린 문제가 나오면 그 뒤에 문제들을 안 풀고 건너뛰는 행동', '틀린 문제를 다시 풀지 않고 넘어가는 행동' 등 성적 향상을 위해 꼭 고쳐야 하는 여섯 가지 습관으로 세분화해 분석합니다. 분석된 데이터는 씽크빅 선생님에게로 전송되고 선생님은 개선이 필요한 학습 습관에 대해 솔루션을 제시하고 관리해줍니다. 객관적인 데이터를 기반으로 하기 때문에 더 체계적인 관리가 가능하고, 학생들도 더 명확하게 본인의 습관을 인식하고 개선할 수 있습니다.

'문항 분석 프로그램'은 개인별로 학습 역량을 분석해서 오답을 내는 원인을 알려줍니다. 학생별로 학습 이력을 기반으로 학습 역량을 파악한 후 '맞출 수 있지만 틀린 문제', '몰라서 틀린 문제', '우연히 맞춘 것으로 예상되는 문제' 등 세 가지 유형의 학습 결과를 구분합니다.

더불어 씽크빅 선생님은 오답 원인에 맞춰 집중적으로 학습 관리를 진행합니다. 학생들은 본인이 틀린 이유를 데이터로 보기 때문에 정확하게 기억하고 다음에는 더 신경 써서 문제를 풀 수 있습니다.

**혹시 웅진씽크빅이 이렇게 디지털 서비스 플랫폼 모델로 전환하게 된 계기나 이유가 있으신지요?**

웅진씽크빅은 2012년 무렵 재무적으로 큰 위기를 맞았습니다. 2011년의 매출이 7,623억 원에 영업이익이 369억 원 수준이었는데, 2012년의 매출은 7,120억 원에 영업이익 31억 원을 기록하게 됩니다. 즉, 2012년으로 넘어가면서 한 해만에 영업이익이 10분의 1 수준으로 줄어든 것입니다.

이러한 재무적 위기엔 크게 두 가지 원인이 있었습니다. 첫째로는 심각한 사회문제가 되고 있는 저출산 현상이 있었습니다. 기존의 학습지 및 전집 시장의 경쟁이 치열한 가운데 대상 고객인 아동의 수가 지속적으로 줄어들어 비즈니스 규모가 작아질 수밖에 없는 상황이 되었습니다.

이뿐 아니라 전집 비즈니스 자체가 가진 본질적인 문제도 있었습니다. 전집을 구매하는 고객들은 목돈을 들여

20~30권의 전집 도서를 구매하고 나면 한동안 재구매가 없는 경우가 많습니다. 이러한 문제들은 장기적으로 웅진씽크빅 자체의 존립 기반을 흔들 수 있는 심각한 문제들이었습니다.

그래서 이에 대한 해결책으로 장기 고객을 늘리는 방법을 모색하였고, 그 결과 '디지털'과 '멤버십'이라는 두 가지 키워드로 이 어려움을 해결해나가고자 방향을 잡았던 것입니다.

**그렇다면 웅진씽크빅의 디지털 서비스 플랫폼 모델의 성과는 어떠했나요?**

 2014년 8월, 웅진씽크빅은 업계 처음으로 '북큐레이션' 기술을 적용한 '웅진북클럽'을 국내 최초로 출시했습니다. 2015년에는 스마트 학습지 '북클럽 스터디'를 출시하면서 1년 만에 20만 명을 확보했고, 2018년까지 43만 명의 회원을 확보하며 국내 에듀테크 시장을 선도해오고 있습니다. 이렇게 전통적인 전집, 종이 학습지 시장에서 탈피해 웅진북클럽 플랫폼을 기반으로 체질 개선을 이뤄낸 결과, 웅진북클럽 출시 후 영업이익 기준으로 2014년 대비 2017년 약 90% 성장을 이뤄냈습니다.

**앞으로 플랫폼을 확장할 계획이 있으신지요?**

빅데이터 기반의 AI 분석형 서비스를 확대할 것입니다. 내년에 'AI 수학 학습지'와 '북클럽 AI 학습 매니저' 서비스를 출시하려고 합니다. 웅진씽크빅은 스마트 학습지 플랫폼에 프리미엄 AI 서비스를 더해 시장 선도 기업으로서의 역할을 지속해나갈 것입니다.

또한 해외 진출의 기회를 모색할 계획입니다. 국내에서 성공한 모델인 웅진북클럽을 바탕으로 에듀테크 시장의 수요와 성장성이 높은 동남아 지역으로 확대해나가려고 합니다.

**에듀테크 시장에서 웅진씽크빅의 플랫폼이 가진 장점 및 강점이 무엇입니까?**

웅진씽크빅은 자사의 가장 큰 강점인 35년간 축적한 방대한 교육 콘텐츠를 태블릿 PC에서 자유롭게 이용할 수 있도록 만들고, 아이들이 스스로 책을 읽을 수 있도록 도와주는 '북큐레이션' 기능을 개발했습니다. 또 오픈 플랫폼으로 자사 전집뿐 아니라 국내 150여 개 출판사, 해외 유명 출판사의 다양한 도서까지 이용할 수 있게 했습니다.

2015년 10월에는 웅진북클럽 스마트 학습지도 출시했는데, 아이들이 쉽고 재미있게 학습 개념을 이해할 수 있도록 스토리텔링형 콘텐츠와 다양한 시청각 자료를 활용했습니다. 또한 문제풀이 수준에 맞춰 난이도와 문항 수를 조절해서 맞춤 학습을 제공했습니다. 거기에 웅진씽크빅이 강점으로 가지고 있는 독서 콘텐츠를 함께 제공하여 융합 학습이 가능하다는 것이 특징입니다.

올해 2월에는 스마트 학습지를 넘어 빅데이터 기반의 지능형 맞춤 학습을 제공하기 위해, 전문 기술을 가지고 있는 실리콘밸리의 에듀테크 기업 키드앱티브와 공동 개발한 '웅진씽크빅 AI 수학'을 출시했습니다. 출시 나

그림 3-12 ◆ 웅진씽크빅 이재진 대표와의 인터뷰

홀 만에 가입자 1만 명을 돌파하고, 독일 'iF 디자인 어워드'를 수상하는 등 큰 반응을 얻었습니다. 그리고 스탠퍼드대학 출신의 교육학 박사가 이끄는 연구팀과 공동으로 개발한 '북클럽 AI 학습코칭'은 웅진북클럽 회원의 111억 개 빅데이터를 AI 기술로 분석한 학습 진단 서비스입니다. 서비스 론칭 후 학습지 고객들로부터 좋은 반응을 얻어서 프리미엄 서비스도 계획하고 있습니다.

한국의 대표적인 학습지, 전집 기업이었던 웅진씽크빅이 이렇게 빠르게 디지털 혁신을 이루고 성장할 수 있었던 것이 놀랍습니다. 웅진씽크빅의 새로운 변화와 도전을 응원합니다.

# CHAPTER 6

# 고객사의 디지털 전환을 돕는 디지털 플랫폼 기업, SAP

| 사례 | SAP |
|---|---|
| 인터뷰이 | 레이첼 바거Rachel Barger SAP 아태 지역 최고운영책임자COO |
| 키워드 | 전통 기업, 디지털 전환, 하이브리드 플랫폼 모델, 기존 사업의 경쟁력 강화, 비즈니스 클라우드, 지능 기업 |

▷▶ 회사 소개

SAP는 1972년에 독일에서 설립된 기업용 소프트웨어 회사다. 지난 10년간 SAP는 기존의 강점인 구매, 생산, 영업, 재무, 인사 등의 시스템에 몇 가지 인수 합병과 기술 개발을 통해 시가 총액을 세 배 이상으로 키우고 유럽 최대의 기술 기업으로 성장했다.

## ▷▶ 사례 선정 이유

SAP는 ERP 솔루션을 비롯한 기업용 소프트웨어를 판매하는 전통 기업이다. 하지만 최근 다양한 디지털 전환 노력을 통해 현재는 고객사의 디지털 전환을 돕는 디지털 플랫폼 기업이 되었다. 특별히 주목할 점은 SAP가 수평적 디지털 플랫폼에서 수직적 디지털 플랫폼으로 플랫폼 모델을 확장하며 하이브리드 모델의 모습을 띠고 있다는 점이다. 또한 SAP가 지향하는 지능 기업의 모습과 이를 위한 SAP의 오퍼링 역시도 주목해볼 만하다.

## ▷▶ 인터뷰

안녕하세요. 레이첼 부사장님의 소개를 간단히 들을 수 있을까요?

 안녕하세요. 저는 SAP의 아시아 태평양 지역APJ의 최고 운영책임자COO로, 아태 지역의 모든 산업과 포트폴리오에서 시장 진입 및 성장 전략의 개발과 실행을 담당하고 있습니다. 고객, 파트너 및 생태계 개발, 사전판매Pre-sales 활동을 통한 디지털 전환 촉진 및 산업 가치 엔지니어링에 참여하여 아태 지역의 혁신에 집중적으로 기여하고 있습니다.

전통 기업인 SAP는 현재 디지털 전환을 이끄는 플랫폼 기업으로 성장했습니다. SAP의 변혁이 이루어진 과정에 대한 설명을 부탁드립니다.

몇 년 전까지만 하더라도 SAP는 기업용 전사적 자원관리ERP 솔루션 No.1 회사로만 알려져 있었습니다. 하지만 SAP는 전사적 자원관리 솔루션의 성공에서 그치지 않고 스스로 끊임없이 디지털 전환을 진행해, 이제는 오히려 디지털 전환을 이끄는 지능 기업으로 재탄생했습니다.

1972년 독일에서 창립한 SAP는 1995년에 한국지사를 설립했습니다. 그리고 많은 분들이 아시는 SAP의 HANA가 2011년 전 세계에 첫 선을 보였습니다. 세상에 없던 인메모리 기반의 데이터베이스를 선보이며, SAP는 플랫폼 기업으로서 시동을 걸었습니다.

이후 인사관리 솔루션인 석세스 팩터스Success Factors, 구매 조달 솔루션인 아리바Ariba, 최근 커스터머 익스피리언스Customer Experience로 재탄생하며 차세대 CRM으로 C/4HANA의 기반이 된 하이브리스Hybris, 기기야Gigya, 비용관리 솔루션 컨커Concur 등을 인수 합병했습니다. 이는 기존의 비즈니스 프로세스의 근간을 이루던 디지털 코어와 연계해 고객의 모든 부서들이 서로 통합된 인사이트를 가질 수 있는 모든 무기를 장착하는 과정이었습니다. 고객의 디지털 전환을 도모하기에 앞서 SAP부터 디지털 전환에 앞서 나아간 것입니다.

또한 머신 러닝, AI, IoT, 블록체인 등의 최신 기술을 통합한 디지털 혁신 시스템 'SAP 레오나르도'를 개발했습니다. SAP 레오나르도는 디지털 혁신에 대한 고객사의 요구를 충족시키는 SAP의 통합 시스템입니다. 빅데이터, 머신 러닝, 사물인터넷, 블록체인 등 혁신 기술이 각각 개별적으로 운영되는 것이 아니라, SAP 레오나르도라는 하나의 시스템상에서 고객사의 필요에 따라서 서로 융합적으로 시너지 효과를 내는 구조입니다. 그래서 SAP에서는 이 레오나르도를 '디지털 자율 신경계'라고 부르기도 합니다.

SAP가 레오나르도를 통해 궁극적으로 추구하는 것은 모든 비즈니스가 지능적인 기술을 활용해 목표로 하는 비즈니스 성과를 달성하는 것입니다. 그래서 SAP는 레오나르도를 고객사에 제공할 때 단순히 솔루션을 설치해주고 떠나는 프로세스가 아닙니다. 구축 단계서부터 디자인 씽킹Design Thinking을 통해 고객사의 도전 과제를 함께 고민하고, 가장 최적화된 해결 방안을 도출해 이를 레오나르도 시스템상에 구현합니다. 보다 빠르게 가장 효과적인 방법으로 프로토타입을 구현해 혁신을 가속화합니다. 이러한 고객 맞춤형 전략이 SAP를 세계 최고의 기업용 소프트웨어 기업으로 성장할 수 있도록 만든

비결입니다.

이와 같은 디지털 전환 전략을 통해, SAP는 기존 ERP 사업에서 고객사의 디지털 전환을 이끄는 지능형 기업 이자 플랫폼 기업으로 성장할 수 있었습니다.

**그렇다면 SAP가 말하는 지능 기업이 무엇이며, 고객사의 지능화를 위해 어떤 서비스를 제공하나요?**

 전 세계 약 90%의 데이터가 지난 2년 사이에 만들어졌습니다. 데이터가 끊임없이 생성되다 보니 기업과 사람들은 일하는 방식을 바꾸게 되었습니다. 특히나 몸집이 큰 기업일수록 데이터는 처리하기 힘들 정도로 넘쳐납니다. 그 때문에 기업은 과거보다 더 넘쳐나는 데이터와 복잡한 프로세스로 인해 의사 결정을 내리기 어려워졌습니다. 하지만 시장은 더 이상 기업의 더딘 의사 결정을 기다려주지 않습니다. 앞으로 기업은 신속한 고객 대응과 효율적인 데이터 관리가 가능해야 합니다. 따라서 이러한 기업을 지능 기업Intelligent Enterprise이라고 합니다.

SAP가 기업의 지능화를 위해 제공할 수 있는 가장 핵심적인 가치는 바로 '통합'입니다. SAP가 보유한 모든 기술 및 제품 컴포넌트들은 연동되고 통합되어 있습니다. 고객은 비즈니스 전체를 아우르는 통합된 데이터 세트로부터 비즈니스 인사이트를 도출할 수 있습니다. 이를 통해 조직 전체가 통합된 데이터를 바탕으로 최적의 시점에 최적의 의사결정을 내리는 지능 기업이 될 수 있습니다.

**SAP의 디지털 플랫폼 모델을 설명해주실 수 있을까요?**

 SAP는 기본적으로 제반 산업에 HR, CRM, 구매 등의 SaaS 클라우드 애플리케이션을 제공하는 수평적 디지털 서비스 플랫폼 모델HDSPM입니다. 그리고 SAP 클라우드 플랫폼SCP에서 다양한 기업들이 참여하여 플랫폼을 이용할 수 있는 수평적 디지털 비즈니스 플랫폼 모델 HDBPM도 구축했습니다.

최근에는 이러한 산업의 포괄적인 서비스 및 비즈니스 플랫폼에서 한 발짝 더 나아가 특정 산업에 특화된 서비스를 제공하는 수직적 디지털 서비스 플랫폼 모델VDSPM로 확장하고 있습니다. 금융, 유통, 제조 등 각 산업별 니즈를 고려한 맞춤형 개발Customized Development 서비스를 제공하는 것입니다.

**그렇다면 SAP의 디지털 전환과 디지털 플랫폼 모델의 성과는 어떠했나요?**

전 세계 76%의 비즈니스 트랜잭션, 즉 전 세계 기업이 창출하는 매출의 76%가 SAP 시스템을 거치고 있습니다. 우리는 38만에 가까운 고객을 보유하고, 2018년에는 인터브랜드Interbrand에서 발표한 전 세계 가장 가치 있는 브랜드 중 21위에 랭크되기도 했습니다.

이뿐만 아니라, 시가 총액은 2011년 대비 현재 두 배 이상 성장했으며, 매출액 역시 60% 이상 성장하여 280억 달러에 달하고 있습니다.

**타 경쟁사 대비 SAP가 가진 장점 혹은 강점은 무엇인가요?**

클라우드 시장의 전쟁은 이제 IaaS에서 SaaS로 옮겨오고 있습니다. 결국 기업에 요구되는 역량은 IaaS가 아니라 기업 운영에 가장 적합한 비즈니스 애플리케이션을 사용하는 것입니다. SAP는 비즈니스 애플리케이션으로 시작한 회사입니다. 그렇기 때문에 IaaS에서 출발한 경쟁사들에 비해 비즈니스 SaaS에 있어 기본이 더 단단하다고 할 수 있습니다.

이뿐 아니라 SAP는 각 산업별로 다른 필요와 특수성을 가지고 있다는 것을 잘 이해하고 있습니다. 그래서 고객과 함께 코이노베이션Co-innovation 솔루션을 개발하는 데 적극적입니다.

또한 SAP의 플랫폼은 개방형 플랫폼으로 아마존 웹서비스 등의 하이퍼 스케일러hyperscaler들의 IaaS상에서도 사용이 가능하다는 장점도 있습니다.

SAP의 선제적 디지털 전환 전략이 굉장한 성과를 가져온 것 같습니다. 고객사의 지능화를 위해 힘쓰는 SAP의 활약을 기대하겠습니다.

그림 3-13 ◆
인터뷰하는 레이첼 바거 부사장

# PART 4

# 지능 기업이
# 비즈니스 세계를
# 리딩한다

앞선 Part에서 우리는 디지털 플랫폼 모델의 특성과 실제 디지털 플랫폼 모델을 기반으로 한 다양한 기업들의 모습을 살펴보았다. Part 4에서는 디지털 플랫폼 모델과 더불어 기업에 나타나는 비즈니스 모델 변화 방향을 살펴볼 것이다. 이러한 변화 방향에는 2000년대 초반부터 현재까지 많은 기업들이 집중해온 세계화와 전문화 흐름이 있다. 또한 세계화, 전문화, 그리고 앞서 설명한 디지털 플랫폼 모델로 변모하는 과정에서 축적된 많은 데이터를 활용하는 지능 기업으로의 변화가 논의될 것이다.

# CHAPTER 1

# 지속적인 과제,
# 기업 전문화

기업들은 기술의 발전과 시장의 요구를 반영하며 점점 더 전문화되고 있다. 핵심적 업무에 집중하여 경쟁사와 차별화 요소를 만들고 비핵심적 업무는 전문 파트너 업체들에 의존한다. 성공적인 미래 기업의 모습은 고도로 전문화된 기업이다. 과거 대부분의 기업들은 제조, 판매, 운영 등의 가치사슬을 스스로 소유했다. 이를 위하여 물리적 자본에 기반을 두었으며, 그 때문에 효율적 자산관리가 기업의 핵심 어젠다였다. 하지만 이제는 비핵심적인 영역은 아웃소싱을 통해 전문 파트너 업체에게 맡기고 소규모의 물리적 자본을 지닌 핵심 역량 중심의 기업으로 변모하고 있다.

## 전문화 기업 모델의 등장

암릿 티와나는 『플랫폼 생태계』에서 다수의 산업 분야에 나타나는 제품 및 서비스의 복잡성이 지속적으로 증가하고 있다고 했다. 한 예로, 소프트웨어 제품의 경우 코드의 줄이 2년마다 두 배씩 증가하는 모습을 보인다. 이렇게 복잡성이 증가함에 따라 많은 기업은 모든 프로세스에 전문성을 갖추기 어렵게 되었다. 모든 프로세스를 독자적으로 수행할 경우의 비용 효율이 급격히 떨어지기 때문이다. 따라서 기업은 점차 핵심 역량 위주로 전문성을 갖추고, 이외 영역은 파트너사에게 프로세스를 맡기게 되었다.

이렇게 회사가 핵심 역량에 초점을 맞추는 것에 대해 암릿은 "기업의 경계가 축소되고 동시에 확장되기도 한다"고 표현했다. 즉, 핵심 역량이 있는 좁은 부문에만 초점을 둔다는 점에서는 기업의 경계가 축소되는 한편, 핵심 역량 외 다른 기능을 보완하기 위해 외부의 광범위한 파트너에 의존한다는 측면에서 기업 경계가 확장된다는 것이다. 아래 맥도날드 사례는 암릿의 역설적 표현을 이해하는 데 큰 도움을 준다.

> 맥도날드 차량 주문 창구의 빅맥 버거 주문을 생각해보라. 차량 주문 마이크를 통해 고객의 주문을 접수한 담당 시급제 종업원은 주문 내용을 주방 요리사에게 전달 1~2분 후에 고객에게 빅맥 버거를 제공할 수 있다. 그간 이것은 아웃소싱이 불가능한

작업이었다. (중략) 패킷화[1]는 맥도날드의 주문 처리 과정을 변화시켰다. 오늘날 애틀랜타의 차량 주문 장소에 도착한 고객은 스피커폰 반대편의 주문 접수자가 수천 마일 떨어진 하와이에 있다는 사실을 거의 모른다. 전체 상호작용은 디지털화된 음성 패킷이 하와이로 보내지면서 이루어진다. 하와이의 주문 접수 종업원은 주문을 컴퓨터에 입력하고, 고객이 있는 애틀랜타 가게 컴퓨터에 그 결과가 표시된다. 주문 처리에 거의 시간이 소요되지 않으며, 전문화된 주문 접수는 고객에게는 보다 일관된 경험이 되고, 맥도날드 종업원들의 전문성은 보다 심화된다.[2]

기업은 이와 같이 기업의 바깥까지 경계를 넓혀 외부 파트너와 긴밀하게 협력하며, 내부적으로는 경계를 더욱 좁혀 점차 핵심 역량에 집중하고 있다. 이제 전문화된 기업은 무엇이며, 기업 입장에서 이를 어떻게 추진해가면 좋을 것인지를 논의해보자.

---

1   패킷화: 자연적으로 일어나는 활동을 디지털화함.
2   암릿 티와나, 『플랫폼 생태계: 아키텍처, 거버넌스, 전략의 정렬』, 파이터치연구원, 2018, 45~46쪽.

## 전문화 기업이란 무엇인가?

전문화 기업이란 기업의 비非전략적인 활동에 대한 투자를 줄이고 내부의 전략적인 영역에 집중하여 전략 영역의 역량 극대화를 추구하는 기업이다. 즉, 기업의 전문화가 이루어지면 현재 내부에서 수행되는 많은 비전략적 업무 활동이 외부 전문가들에게 이양될 것이다. 이로 인한 혜택은 뚜렷하다. 하지만 의외로 전문화에 대한 기업의 관심과 노력에 비해 아직까지도 대부분의 기업에서는 비전략적인 영역이 기업 운영에 상당한 비중을 차지하고 있다. 현명한 기업이라면 비전략적인 활동에 대해 더 많은 외부 인력을 활용함으로써 내부의 전략적인 영역에 집중해야 한다.


## 전문화 혁신은 어떻게 이루어야 할까?

전문화 혁신을 위해서는 우선적으로 자사의 상대적 우위 영역에 대한 객관적 평가와 판단이 필요하다. 전문화 기업의 세계에서 기업들은 각 비즈니스 영역의 성과를 평가하여 자사의 우위, 즉 어느 분야에서 가장 많은 가치를 창출할 수 있는지 판단해야 한다. 그리고 이러한 평가, 판단을 바탕으로 기업의 상대적 우위에 직접적으로 기여하지 않는 영역을 비전략적 영역으로 분류하고 이를 외부 전문가에게 의탁할 수 있다. 외부 전문가가 더 효과적으로 제공할 수 있는 기능을 내부적으로 개발하는 것은 차별화 및 상대적 우위

그림 4-1 ◆ 비용 효율성에 따른 전문화 단계

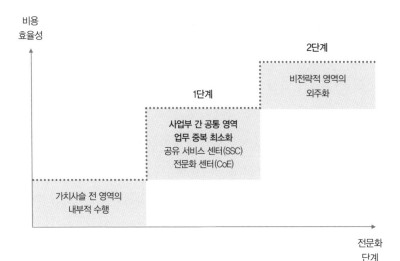

향상에 저해가 되며 기업 전문화를 막는다.

전문화 혁신에 대한 다양한 방법론과 분석이 많지만, 단순하게 비용 효율성에 따라 전문화의 단계를 표현하면 그림 4-1과 같이 표현할 수 있다.

### 전문화 1단계 : 내부적 전문화

전통적인 가치사슬 기업은 가치사슬 전 영역에 걸친 업무를 내부적으로 수행해왔다. 이 때문에 많은 경우 다수의 사업부별로 동일한 업무 내용을 수행하는 중복적인 지원 부서가 존재해왔다. 이로 인해 기업 전체적 관점에서 업무 비효율이 초래되고, 사업부 간 소통이 원활하지 않았다. 이러한 문제점을 해결하고 실타래처럼 엉킨 내부 구조를 최적화하기 위해 내부적 전문화가 발생했다.

전문화의 첫 번째 단계는 사업부 간에 중복된 업무를 찾고, 이 업무를 담당하는 부서를 하나로 통합하는 것에서 시작한다. 이후 각 사업부에서 제각기 수행되던 활동을 표준화하여 프로세스 센터로 모아 중앙 집중식으로 관리하게 된다. 이를 통해 업무 활동의 중복을 최소화할 수 있고, 기업은 집중 실행 센터(공유 서비스 센터,[3] 전문화 센터 등)들로 구성된 하나의 네트워크로 조직된다.

그렇다면 기업들이 이러한 내부적 전문화를 수용하고 있는가? 관련 연구에 따르면 비록 겉모양은 다르지만 많은 기업들은 이를 수용하고 있는 것으로 나타났다. 기업들은 공통 업무 활동을 공유 서비스 센터에 집중시켜 내부적 전문화를 수용해왔다. IBM 이나 P&G 등의 선진 기업은 이미 1980년대 중반부터 공유 서비스의 개념을 적극적으로 도입했다.

IBM의 경우, 글로벌 차원의 지원 기능을 업무 표준화를 통해 공유 서비스로 제공했다. 특히 글로벌 재무 운영의 효율성을 높이기

---

3   공유 서비스 센터에 대해서는 다음의 '지식 코너'에서 자세히 설명하겠다.

위해 프로세스 표준화 및 공동 툴을 개발했다. 또한 2006년부터 조직을 통합하고, 전문화 센터CoE: Center of Excellence를 운영하기 시작했다. 단순 업무 혹은 전문성이 필요한 업무에 대한 인력을 재배치하고 통합했으며, 프로세스 혁신과 시스템 통합으로 전 세계 전문 역량 최적화를 달성할 수 있었다. 뿐만 아니라 HR 업무에 있어서도 표준화의 통합을 통해 급여, 복리후생, 보상 등 다수의 서비스 영역에 대한 지원 업무를 수행하는 공유 서비스 센터를 운영하고 있다.

## 전문화 2단계 : 비전략적 영역의 외주화

전문화의 다음 단계는 비전략적 영역의 외주화다. 기업이 상대적 우위를 가지고 있는 전략 영역을 제외한 업무 영역에 있어 외부 파트너사에 업무를 의탁한다. 기업의 가치사슬 내 전문화 분야를 파악하여 핵심적으로 역량을 전문화시킬 분야 외의 영역에 대해 전문화 1단계에서처럼 중복적인 지원 업무를 통합한다. 이러한 비핵심적 중복 지원 업무 부문에 대해 외부 업체와의 제휴를 통해 해당 업무 전문가들이 이를 대신 운영해준다. 이러한 외주화는 해당 국가를 벗어나 글로벌로 연결된 비즈니스 생태계까지 확장할 수 있다. 이를 통해 기업은 이제 가치사슬 전체를 보유하는 것이 아니라 한 산업 내에 네트워크 조직으로 존재하면서 전문 분야의 역량에 집중하는 한편, 이외 영역에 대해서는 산업 생태계 내의 다양한 파트너사로부터 지원을 받는다.

이때 기업은 과거와 달리 기업 내부의 독자적 방식에서 벗어나 프로세스 표준을 수용하여 파트너사들과 활발하게 커뮤니케이션을 하게 된다. 산업계에서는 공통 기능의 표준화 덕분에 해당 영역을 지배하는 최고 수준의 전문가들이 등장하기도 한다. 이 전문가들은 특정 산업의 비차별화 영역에 대한 전문 지식으로 표준을 제시하고 사업을 구축한다. 일부 산업 전문가들은 고객의 핵심 제품을 차별화하는 데 중추적인 역할을 하는 맞춤 솔루션을 제공한다. 즉, 시간이 흐름에 따라 점차 비전략적 영역의 외주화 범위가 넓어져서 기존에 단순히 노동력 교환이었던 외주의 영역이 정보 교환의 영역으로 이동하는 것이다. 특히 일부 기업에서는 핵심적 전략 영역에 있어서도 전문가의 외주 협력을 받기도 한다. 예를 들어, P&G Procter & Gamble는 자사의 핵심적 전략 영역인 연구개발 영역에서도 외부 아이디어를 공급받아 신제품을 개발한다.

## 공유 서비스 센터Shared Service Center란 무엇인가?

공유 서비스 센터란 한 기업 내의 서로 다른 사업부에서 개별적으로 운영되던 지원 기능을 하나로 통합하여 업무 중복을 최소화하여 제공하기 위해 구축된 조직이다. 공유 서비스 센터를 통해 여러 사업부에 존재하는 경영 지원 부문과 비전략적 활동을 하나로 통합하여 운영 비용을 절감하고, 경영 지원 서비스의 품질 향상을 이룰 수 있다. 공

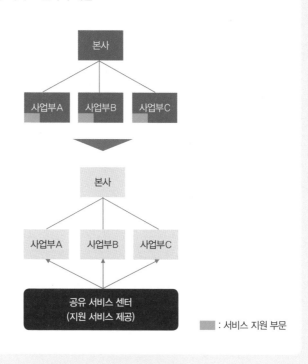

그림 4 – 2 ◆ 공유 서비스 센터의 개념

유 서비스 센터는 사업 조직이 전략적 활동에 집중할 수 있도록 지원 부문과 비전략 부문의 활동을 공유 서비스 센터에 맡기는 것으로, '인소싱Internal+Outsourcing'이라고 부르기도 한다.

1970~80년대에 고객과 긴밀하게 관계를 맺기 위해 본사를 축소하고 개별 사업 단위별로 지원 부문을 배치하는 움직임이 있었다. 하지만 경기 침체 및 업무 중복의 비효율 등으로 인해 이에 대한 불만족의 목소리가 높아졌다. 1980년대 말 무렵부터 반복적이고 규모가 큰 지원 서비스에 대해 통합하는 작업이 시작되었다. 초기의 공유 서비스 센터는 단순 업무 위주의 저부가 가치 서비스가 대상이었지만, 1990년대 중반 무렵부터 외부 경쟁력이 있는 공유 서비스 센터를 중심으로 수익 센터Profit Center로 기능하는 지원 부문이 증가하기 시작했다. 현재는 공유 서비스의 대상이 회계, 재무, 인사, 정보 시스템, 마케팅, 구매, R&D에 이르기까지 광범위하게 이루어지고 있다.

# CHAPTER 2

# 끊임없이 이어지는
# 세계화의 물결

세계화는 앞선 Chapter에서 논의한 것과 같이 전문화와 불가분의 관계를 가지며 최근까지도 기업 비즈니스 모델 혁신의 화두가 되고 있다. 기업 세계화의 흐름은 이제 단순히 무역 장벽을 넘기 위해 생산기지를 해외시장에 설립하는 차원을 벗어났다. 기업의 가치사슬 전반에 대해 전 세계를 선택지로 하여 최적화된 결정을 도모하고 있다. 본 Chapter에서는 기업 세계화의 발전 방향과 이를 위한 기업의 최적화 전략에 대해 살펴보도록 한다.

## 기업 세계화의 발전 방향: 글로벌 통합 기업

최초의 기업은 국가의 필요에 의해 생겨났다. 정부는 국가를 대신해 특수한 상업적 임무를 수행할 목적으로 기업 설립을 허가했다. 우리가 잘 아는 영국 동인도 회사가 대표적인 예라고 할 수 있다. 이후 기업의 형태는 점차 발전하여 19세기 무렵, 일부 국가들이 기업 소유주에게 유한 책임을 부여하며 기업은 독립적인 '법인'으로 좀 더 자유로운 지위를 획득하게 되었다. 이러한 기업은 점차 발전하여 국제 무역로를 통해 원료를 수입하고, 가공품을 수출하는 형태의 비즈니스 모델을 확립하게 되었다.

20세기 초반 세계 대전과 대공황 등의 경제 몰락으로 인해 개별 국가에 보호무역 움직임이 강화되었다. 관세, 환율 통제 등의 무역 장벽이 등장함에 따라 기업은 '다국적기업'이라는 형태로 이에 적응하는 모습을 보이기 시작했다. 다국적기업은 현지 생산을 통해 무역 장벽을 극복하고자 하는 제조 기업의 전략으로 볼 수 있다. 즉, 생산 공장을 목표 시장에 설립함으로써 관세를 내지 않고 주요 현지 시장에 자사의 제품을 판매할 수 있게 된다.

최근 이러한 기업의 진화에 또 다른 흐름이 나타났고, 이 흐름은 가속화하고 있다. 다국적기업을 뛰어넘어 이제는 '글로벌 통합 기업'으로의 진화가 일어나고 있는 것이다. 글로벌 통합 기업은 생산을 넘어 기업의 전략, 경영 및 운영 전반에 걸쳐 전 세계적으로 통합된 관점으로 기업을 운영한다. 그렇다면 이 같은 새로운 진화는 무엇 때문에 발생하는 것일까?

IBM의 전 CEO 새뮤얼 팔미사노Samuel J. Palmisano가 쓴 논문「글

로벌 통합 기업The Globally Integrated Enterprise」에 따르면, 이는 크게 두 가지 국제적 변화를 동력으로 한다. 첫째, 경제 민족주의가 약화되었다는 점이다. 이로 인해 무역과 투자의 장벽이 낮아졌다. 개별 국가 간 혹은 국가 집단 간의 무역, 투자에 관한 국제적 협약 등을 통해 이루어지고 있는 무역과 투자의 자유화는 기업에 대한 세계화의 한계를 넓히고 있다. 이제는 우리에게 익숙해진 한미 FTAFree Trade Agreement나, 유럽 28개의 회원국이 모여 정치 및 경제의 통합체를 구성한 유럽연합EU이 이러한 경제 민족주의 약화의 대표적인 사례라고 할 수 있다.

둘째, 1970년대 초부터 시작된 IT 기술 혁명이다. IT 기술 혁명으로 제품의 질이 개선되었고, 글로벌 커뮤니케이션과 기업 운영의 비용이 크게 감소했다. 무엇보다 IT 기술 혁명은 전 세계적인 기업 운영의 표준화를 이루었다. 표준화로 인해 기업 내 업무뿐 아니라 기업 간 업무 활동이 원활해지고 업무의 상호 긴밀성이 높아지며, 기술 공유도 활발해지게 되었다. 이러한 두 가지 변화 원동력에 힘입어 기업은 국가 간의 지리적 국경의 한계를 뛰어넘어 사고하고 기업의 운영 효율화를 이루게 되었다.

한편, 다국적기업에서 글로벌 통합 기업으로 변화함으로써 생산 기지를 설립하는 데에도 큰 변화가 일어났다. 즉, 다국적기업에서 특정 해외 판매 시장을 타깃으로 하여 생산기지를 설립했다면, 글로벌 통합 기업에서는 좀 더 복합적인 요소를 고려하여 생산기지에 투자하게 된다. 생산기지를 설립할 때 판매 시장뿐 아니라 생산 비용 절감 효과, 그리고 신기술 및 지식 공급처 확보 등 기업 운영을 위한 다양한 요소에 대해 고려하고 검토하는 것이다.

오늘날도 여전히 해외 투자의 많은 부분이 해외 수요의 주요 공급처를 획득하기 위한 것이다. 그러나 이제 많은 기업들이 점진적으로 전 세계 글로벌 시장에 대한 투자 방식을 변화시켜 나가고 있다. 중국 시장을 살펴보면 이러한 변화를 확인할 수 있다. 중국 생산 공장 중의 일부는 중국 현지 시장을 겨냥한 것이지만 일부는 세계 시장을 목표로 세워졌다. 유럽의 화학회사들과 자동차 제조업체, 그리고 미국의 주요 업계를 대표하는 대기업들이 모두 해외 수출 생산기지로 중국을 선택하여 생산 공장을 설립하고 있다. 중국의 저렴한 노동비용을 지렛대 삼아 생산비용 절감 효과를 누리기 위해서다. 그러나 최근 중국에서 인건비가 상승되면서 점차 인도네시아, 태국 등으로 국제적 투자를 빼앗기는 현상도 나타난다.

인도 또한 직원과 고객 및 생산 지원을 위한 은행, 보험회사, 전문 서비스 기업들의 서비스 센터 및 연구개발 기지로 크게 부상했다. 앞선 Chapter에서도 언급한 바와 같이, 이제 기업 운영은 비용과 품질 면에서 더욱 효율적인 해외 전문 기업 혹은 해외에 있는 자사의 전문 서비스 센터와 긴밀히 연결되어 이루어진다. 필리핀 마닐라의 구매 조달 센터가 전 세계 크고 작은 기업들을 대신해 구매 결정 절차를 수행하고, 아일랜드의 더블린에 위치한 후선 지원 부문Back Office에서 글로벌 투자은행을 위한 파생상품 거래가 이루어지고 있다. 유럽의 생명공학 제약회사들이 글로벌 생산 및 연구 지원을 위해 생산 공장과 R&D 센터를 미국에 설립하기도 한다.

기업은 이제 한 국가 내에 설립된 계열사, 사업부 혹은 생산 라인의 총체로 간주되었던 데서 벗어나 전 세계에 다리를 걸친 조달, 제조, 연구, 판매, 유통 등 특화된 전문 부문의 조합을 의미한다. 글로벌 통합 기업은 이제 각 부문의 활동을 수행하기 위해 기업 활동을 영위하는 장소를 선택하고, 이러한 활동을 자체적으로 수행할 것인가 아니면 외부 업체에 외주를 줄 것인가를 선택한다. 앞서 전문화에 대한 글에서 설명한 바와 같이 P&G와 같은 기업들은 비즈니스의 거의 모든 부문을 외부 전문가에게 맡기고 있다. 기업 혁신의 핵심이라고 할 수 있는 연구개발 아이디어 역시 외부에서 공급받아 신제품을 개발한다. 자사 내부에서만 혁신을 달성하지 않고, 혁신 공조 시스템을 만들어 공급업체와의 협력을 바탕으로 신제품을 개발하는 것이다. 이렇듯 기업은 이제 제품과 서비스 생산을 위해 비즈니스 활동과 생산의 요소들을 글로벌 시장 안에서 통합하고 있다.

이 같은 기업의 진화는 기업의 목표와 임무에 새로운 방향을 제시한다. 글로벌 통합 기업은 앞으로 생산, 유통, 인력 배치 등 기업 운영 전반에 있어서 이전과는 근본적으로 다른 접근을 취해야 한다. 이에 대해 바르셀로나 IESE 경영대학원의 교수이자 경제학자

인 판카즈 게마와트Pankaj Ghemawat는 'AAA 삼각법칙'이라는 방식
으로 접근하고자 했다.


## 기업의 세계화를 위한 AAA 삼각법칙

판카즈 게마와트는 기업의 세계화를 위해서 세 가지 A로 대표되
는 전략 중 최소한 하나 이상의 전략을 가지고 있어야 한다는 의
미에서 'AAA 삼각법칙'을 주창했다. AAA 삼각법칙은 아래와 같
은 세 가지 차원의 세계화 전략을 포함한다.


- 현지화Adaptation 전략은 현지 수요에 최적화하여 매출 증대를 도
  모한다.
- 통합Aggregation 전략은 글로벌 운영을 통해 규모의 경제를 누리
  고자 한다.
- 거래 차익Arbitrage 전략은 각각의 가치사슬상의 영역에 대하여
  국가 간 차이를 활용하여 차익을 누리고자 한다.


  각각의 전략에 따라 기업에 가장 적합한 조직 형태는 다르다. 예
를 들어, 한 기업이 현지화를 강조한다면 그 회사는 개별 국가 중
심의 기업이 되어야 할 것이다. 해당 국가의 수요에 부합하는 제
품을 개발하고, 현지 시장의 동향과 비즈니스 환경의 변화에 신속

그림 4-3 ◆ 현지화의 대표적인 사례

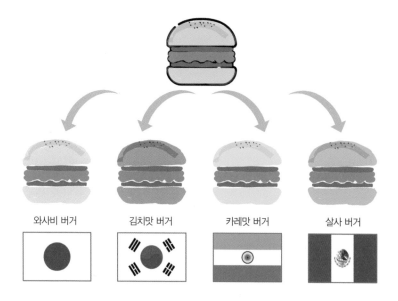

와사비 버거

김치맛 버거

카레맛 버거

살사 버거

하게 대응해야 한다. 이러한 전략은 사실 주변에서 쉽게 찾아볼 수 있다. 한국의 맥도날드에서 불고기 버거를 판매하는 것, 일본의 킷 캣Kitkat에서 와사비맛 킷캣, 마차맛 킷캣을 판매하는 것 등이 대표 적인 사례일 것이다.

한편, 통합 전략을 취하는 기업이라면 지역별 국가를 통합한 제 품 사업본부 형태의 기업 구조를 가질 것이다. 통합 전략의 경우 '표준화'에 가장 중점을 둔다. 이 전략을 사용하는 회사는 새로운 시장에서 제품을 중심으로 활발하게 마케팅 활동을 수행하게 된다. 글로벌 차원에서 연구개발 및 관리를 중앙 집중화한다. 대표적인 예로 일본의 자동차 제조사 도요타를 생각할 수 있다. 도요타는 전 세계에 판매되는 자동차의 상당 부분을 일본에서 생산하고 있다. 초超 대규모 생산 집적은 규모의 경제 효과를 통해 저비용, 고효율, 품질 관리를 가능하게 했다.

만약 거래 차익 전략을 취하는 경우에는 수직적이고 기능 중심적이어서 손쉽게 기업 내외의 수요와 공급을 맞출 수 있는 기업 구조가 가장 적합할 것이다. 거래 차익 전략은 전체 조직의 이익을 위해 지역 간의 차이를 활용하는 데 중점을 둔다. 이 경우 생산 비용에 대한 적용이 가장 일반적인 예로, 많은 기업들이 원자재와 인건비가 낮은 지역에 공장을 두고 있다. 이 전략은 일반적으로 노동 집약적이거나 혹은 수직적으로 통합된 기업에 이익을 가져다준다. 애플이 중국의 폭스콘Foxconn 등의 기업에 제조 및 조립 프로세스를 아웃소싱하는 것이 이러한 예가 될 수 있다. 2013년에 포브스Forbes가 추정한 바에 따르면 이러한 애플의 아웃소싱을 미국으로 가져올 경우 42억 달러의 추가 비용이 발생할 것으로 예상했다.

물론 각각의 전략들이 나머지 전략에 비해 우월하지 않다. 즉, 어떤 것이 더 우월한 전략이 아니라 회사의 상황에 따라 한 전략이 나머지 전략들에 비해 더 유리하게 적용되거나, 혹은 하나 이상의 전략이 합쳐질 수도 있다.

오늘날 대부분의 기업들은 세계화 과정에서 세 가지 전략 중 하

그림 4-4 ◆ AAA 삼각법칙

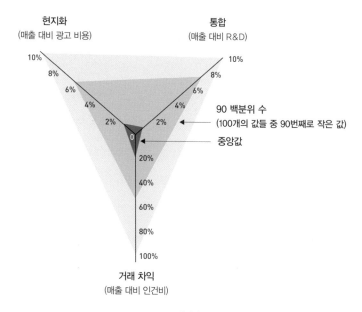

현지화
(매출 대비 광고 비용)

통합
(매출 대비 R&D)

90 백분위 수
(100개의 값들 중 90번째로 작은 값)

중앙값

거래 차익
(매출 대비 인건비)

출처: 〈Harvard Business Review 2007〉

나를 강조하거나 혹은 어떤 경우에는 셋 모두를 챙기며 발전하고 있다. IBM의 예를 들어보자. IBM은 현지화 전략을 선택하여 개별 국가에 미니 IBM이라고 부를 수 있는 지사를 설립하며 회사를 확장해왔다. 그러나 1980~1990년대에는 이런 방식이 국제적 규모의 거래를 방해한다는 판단을 내렸고, 국가 조직들을 묶은 지역 조직을 만들기 시작했다. 이후 2000년대에 들어서며, IBM은 거래 차익에 눈을 돌리게 되었다. 이 시기 IBM 인도의 직원 수가 급증

한다. IBM 인도의 대부분의 직원들은 서비스 부문에서 근무했다. IBM은 서비스 인건비 절감을 통해 수익성을 높이려는 거래 차익 전략을 사용한 것이다.

같은 산업이라고 할지라도 개별 회사의 세계화 전략 방식이 달라질 수 있다. 판카즈는 인도의 IT 서비스 산업을 예시로 들어 설명한다. 인도 최대의 IT 서비스 기업인 TCSTata Consultancy Service와 코그니전트 테크놀로지 솔루션Cognizant Technology Solutions은 세계화 전략 채택에 있어 대표적인 행보를 보여왔다.

TCS는 IT 서비스 산업에서 독보적인 기업으로 인도 외 국가로 IT 서비스를 수출하며 지속적으로 거래 차익 전략을 사용해왔다. 하지만 TCS는 이후 지역 중심으로 조직을 개편하고 지역별 수행 조직들을 구축했다. 한편, 코그니전트의 경우도 거래 차익 전략에 초점을 두고 시작했다. 현재도 여전히 상당 부분 거래 차익 전략에 중점을 두고 있지만, 해외시장에서의 현지화 전략에도 많은 투자 노력을 보여왔다. 상당수의 개발 인력이 인도에 있었으나, 본사를 미국에 두며 미국 시장 지원에 많은 노력을 기울였다.

AAA 삼각법칙은 경영자들에게 회사의 세계화를 위해 어떤 전략을 사용하는 것이 가장 큰 효과를 누릴 수 있을지에 대한 방향성을 제시한다. 손익 계산서의 지출 항목을 통해서 세 가지 A 전략 중 어떤 전략을 채택하는 것이 효과적일 수 있는지를 확인할 수 있다. 광고를 많이 하는 기업은 현지화 전략이 유용할 수 있다.

R&D를 많이 하는 경우는 지역 통합을 통해 규모의 경제 효과를 누리는 것이 이득인데, R&D는 고정 지출이기 때문이다. 노동 집약적 사업의 경우, 국가별 인건비 차익을 이용한 거래 차익 전략이 적합할 것이다.

판카즈는 전략을 채택하는 방법으로 매출 대비 광고비, R&D, 인건비 등의 세 가지 비용이 차지하는 비율을 계산하여 결정하는 방식을 제시한다. 이러한 세 가지 비율이 10% 이상을 차지하는 기업은 특히나 AAA 삼각법칙에 주목할 필요가 있다. 앞서 언급한 기업들의 지출 비율을 살펴보면, P&G의 비즈니스는 상위 25%의 광고 지출 비율을 보이는데, 이는 이 기업이 현지화 전략을 택한 것이 적절했음을 보여준다. TCS의 경우에는 인건비 지출 비율이 높았다.

# CHAPTER 3

# 기업의 미래 모습,
# 지능 기업

앞선 Chapter에서 살펴본 바와 같이 전통 기업의 가치사슬 모델
은 전문화와 세계화 과정을 거치며 발전해왔다. 이러한 변화 과정
에서 점차 기업의 운영 복잡성은 심화되었다. 또한 가치사슬 모델
을 가진 전통 기업에서 디지털 서비스 플랫폼 모델을 결합하면서
그 복잡성은 기하급수적으로 커지게 되었다. 그리고 그 복잡성의
중심에 데이터가 있다. 최근 발표된 IDC의 백서 『데이터 에이지
Data Age 2025』에 따르면 2025년 한해 총 163ZB(제타바이트)의 데이
터가 생산될 것으로 예상하고 있다. 전문화, 세계화와 같은 다양한
프로세스 혁신과 디지털 모델의 결합은 시장, 고객, 경쟁사 등에
대한 막대한 데이터를 던진다. 이러한 데이터의 쓰나미에 휩쓸려
무너지지 않고, 오히려 데이터의 파도를 타고 전진하기 위해 기업

은 또 한 번의 진화가 필요하다.

이러한 데이터를 잘 활용하고 경쟁력을 확보하는 기업, 필자는 그러한 진화된 기업의 모습을 지능 기업Intelligent Enterprise이라고 정의했다. 그렇다면 지능 기업은 무엇이며, 지능 기업이 되기 위해서 갖추어야 할 역량이 무엇인지 확인해보자.

## 지능 기업은 무엇인가?

지능 기업이란 디지털 기술을 활용하여 데이터를 분석하고, 이를 통해 경영에 필요한 통찰력을 도출하고 활용하는 지능 체계와 시스템을 갖춘 기업을 의미한다. 실제로 이러한 지능 기업으로의 변화 움직임은 벌써 일어나고 있다. 2025년까지 인간의 활동 중 60%가 자동화할 것으로 예상하고 있다. 또한 음성 인식과 이미지 인식 기술의 정확도는 이미 인간의 능력을 넘어서고 있다. 사람의 평균적인 음성 인식 정확도가 94.1%인 반면 현재 제공되고 있는 음성 인식 기술의 정확도는 이를 넘어선 95.1%다. 이미지 인식 기술 정확도 역시 사람의 평균 수준인 95%를 넘어선 97%에 달하고 있다.

이러한 변화의 움직임을 통해 시대가 변화하고 있음을 체감할 수 있다. 이제까지 우리는 데이터를 만들어내는 일에 집중했다. 공장에서 매일 돌아가는 기계의 곳곳에 센서를 부착하여 데이터를 수집했다. 우리가 매일 타고 다니는 자동차 역시 주행 중에 수많은 데이터를 쏟아내고 있다. 하지만 이렇게 축적된 데이터를 제대로 활용하지 못한다면 데이터의 발생은 아무런 의미가 없다. 중요한 것은 이런 방대한 양의 데이터를 실시간으로 분석하여 통찰력을 제시하는 지능에 달려 있다.

**그림 4-5 ◆ 미래 지능 기업의 모습**

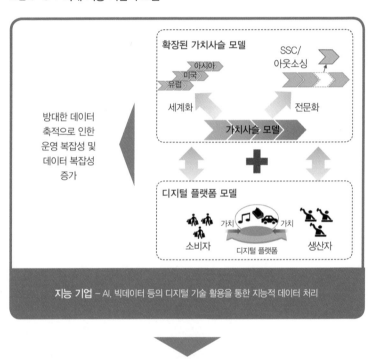

## 지능 기업이 되려면 어떤 역량을 갖추어야 하는가?

데이터를 모으는 것에 집중하는 기업이 디지털 기업이었다면, 이를 제대로 활용하고 한 걸음 앞서 나갈 수 있는 기업이 바로 지능 기업이다. 이러한 지능 기업은 크게 세 가지 특징을 지닌다. 바로 민첩성, 가시성, 그리고 집중력이다.

### • 민첩성 Agility

기술 발전 속도가 가속화되고 발전된 기술이 거의 매순간 우리의 실생활을 바꿔놓게 되면서 시장의 모습은 이제 그 어느 때보다 빠르게 변화하고 있다. 또한 IT 기술의 발달로 인해 소비자의 요구 역시 빠르게 변화하고 다각화되었다. 이렇게 변화하는 시장에 발맞추어 대응할 수 있는 민첩성은 지능 기업의 핵심이라고 할 수 있다. 시장의 변화 가속도에 맞춰, 적합한 대응을 하기 위해 기업은 시장의 변화를 정확하고 신속하게 이해할 수 있어야 한다. 시장의 흐름을 파악하고, 빠르게 의사 결정을 내려야 한다. 이를 위해, 지능 기업은 실시간으로 시장의 데이터를 모으고, 데이터의 새로운 의미를 분석하고, 통찰력을 제시한다

### • 가시성 Visibility

지능 기업은 방대한 양의 데이터를 통하여 기업의 의사 결정에 필요한 다양한 분석 및 이에 기반한 의사 결정 선택지를 갖게 된다.

데이터 분석을 바탕으로 의사 결정의 영향이 가시화될 수 있어서 사업 규모가 큰 가치사슬 기업에서도 의사 결정을 신속하게 내릴 수 있게 된다. 미래에 대한 가시성은 민첩성과도 맞물려서 기업의 신속한 의사 결정을 가능하게 하므로 이를 지능 기업의 핵심적 특징으로 꼽는 것이다.

### • 집중력Focus

의사 결정이 이루어진 후에는 빠른 시간 내에 제한적인 자원을 배분해야 한다. 지능 기업은 불필요한 영역에 투입되는 자산을 가장 효과적인 영역으로 옮겨 집중시켜야 한다. 지능 기업에서는 기존에 불확실한 상황에서 분산적으로 이루어졌던 자원 배분을 지양한다. 신뢰할 수 있는 데이터 분석을 바탕으로 의사 결정이 이루어졌으므로 선택에 집중하고, 그 외 영역에 대해서는 과감하게 축소시킬 수 있는 것이다.

민첩성, 가시성, 집중력을 특성으로 하는 지능 기업은 이미 시작된 데이터 혁신의 시대에 최적화된 기업 모델이다. 데이터를 통해 지능을 장착한 미래 기업은 이제 시행착오를 최소화하고 환경 변화에 빠르게 적응하고 대처해나갈 것이다.

# CHAPTER 4

# 데이터 혁신의 시대와
# 가속화되는 산업 융합

기업이 세계로 진출하면서 글로벌 서비스 센터를 만들고, 지속적
인 혁신을 통해 프로세스가 전문화되면서 아웃소싱 프로세스들이
늘어나자 기업 운영은 매우 복잡해졌다. 또한 전통 기업들이 데이
터 중심의 디지털 플랫폼 모델을 도입하여 데이터를 기반으로 한
디지털 사업을 전개하면서 기업 운영은 더욱 복잡해지고 있다. 미
래의 기업은 이러한 글로벌하고 전문화된 가치사슬 기반의 비즈
니스 모델과 데이터 중심의 디지털 플랫폼 모델을 함께 가지게 된
다. 따라서 복잡한 기업을 효율적으로 운영하고, 더욱 빠르게 변화
하는 시장에 민첩하게 대응하기 위해서는 디지털 기술을 이용하
여 기업을 지능화해야 한다. 이러한 기업을 지능 기업이라고 한다.
지능 기업의 모습은 다음과 같이 요약할 수 있다.

- 글로벌하고 전문화된 가치사슬 모델
- 데이터 중심의 디지털 플랫폼 모델
- 변화에 빠르게 반응하는 지능 체계

디지털 혁신은 지금도 진행 중이며 더욱더 가속화되고 있다. 디지털 혁신으로 인해서 디지털 기술은 지금도 계속 진화하고 있고 지속적으로 새로운 기술도 나오고 있다. '디지털'은 디지털 플랫폼 모델의 핵심이다. '디지털'로 구성되고, '다면적인' 구조의, '데이터' 중심인, 디지털 비즈니스 플랫폼 모델은 물리적인 개입이 최소화되고 디지털상에서 가치가 창출되어 한계비용이 0에 가까운 특징을 가진다. 그러므로 특히 디지털 기술의 발전과 데이터 관련 기술의 발전에 많은 영향을 받는다. 최근 급속히 발전하는 인공지능, 블록체인, IoT, 가상현실 등의 기술은 디지털 플랫폼 모델을 끊임없이 발전시키고 있다.

이 중에서도 특히 블록체인과 인공지능은 디지털 플랫폼 모델의 지속적인 진화에 큰 영향을 미치고 있다. 블록체인 기술을 잘 이용하면 기업 간 또는 개인과 기업 간의 거래에서 사람의 개입이 최소화될 수 있다. 여기에 인공지능 기술이 지속적으로 발전하면서 많은 의사 결정들이 자동화되고 있다. 블록체인 기술과 인공지능 기술의 지속적인 발전으로 디지털로만 처리할 수 있는 거래나 사업의 영역이 지속적으로 확장하게 된다. 즉, 디지털 플랫폼 모델의 파괴력이 더욱 강화되는 것이다.

가치사슬 모델이 기업의 세계화나 전문화 등을 통해서 수십년 동안 진화해왔듯이 디지털 플랫폼 모델도 계속해서 진화할 것이다. 디지털 기술의 발전은 가치사슬 모델에도 적용되어 더 경쟁력 있는 혁신 활동을 할 수 있다. 그러나 디지털 기술을 이용하여 어떤 프로세스를 혁신하고 어떤 가치를 창출할지에 대해서는 더 많은 생각이 필요하다. 물론 실제 실행 시에는 많은 자원이 투입된다. 상대적으로 디지털 플랫폼 모델은 디지털 그 자체로 데이터 기반으로만 구성되어 있으므로 디지털 기술의 혁신이 고스란히 디지털 플랫폼 모델의 혁신으로 이어지게 된다.

디지털 플랫폼 모델로 무장한 스타트업 기업들과 경쟁하기 위해서 전통 기업들도 다양한 노력을 기울인다. 기존의 가치사슬 모델에 디지털 플랫폼 모델을 접목하여 새로운 디지털 서비스를 고객들에게 제공함으로써 경쟁력을 높이고 있다. 또한 디지털 기술을 이용한 다양한 프로세스 혁신도 동시에 진행한다. 이와 같은 프로세스 혁신과 비즈니스 모델 혁신 활동의 결과로 기업에는 많은 데이터가 축적된다. 이제는 많은 양의 데이터를 분석하여 시장, 고객, 경쟁자, 사회에 대한 통찰력으로 바꾸어서 경영에 효과적으로 활용하고 시장에 빠르게 반응하는 기업들이 경쟁에서 살아남을 수 있게 되었다. 따라서 많은 데이터에 첨단 디지털 기술을 활용하여 경영에 필요한 통찰력을 도출하고 활용하는 지능 체계를 도입해야 한다.

미래 기업의 지능 체계도 디지털 기술에 바탕을 두고 있다. 머신러닝, 빅데이터, 예측 기반 알고리즘 등의 지속적인 발전으로 인해서 지능 체계도 지속적으로 진화한다. 디지털 혁신으로 디지털 기술이 발전하면서 지능 체계도 같이 빠르게 진화하게 된다. 이것은 기본적으로 디지털 플랫폼 모델과 같은 속성을 가지고 있다.

이와 같은 디지털 기술의 폭발적인 발전 때문에 가까운 미래에 디지털 플랫폼 모델이나 지능 체계로 무장되지 않은, 빠른 기술과 시장의 변화에 대응하지 못하는, 가치사슬 위주의 기업은 도태될 수밖에 없다. 그 가까운 미래가 언제인지 정확히 알 수 없지만 혁신은 이미 시작되었고 변화는 필연적이다. 미래에 우리가 보는 기업의 대부분의 모습은 이 세 가지 모델을 다 가지고 있거나 또는 지능을 가지고 있는 디지털 플랫폼 모델이 될 것이다. 가치사슬 모델만 가지고 있는 전통 기업은 모두 사라지게 될 것이다.

지능 기업은 쉽게 다른 산업으로 진입할 수 있다. 즉, 산업 간의 경계가 허물어진다. 플랫폼에서 활동하는 참여자들과 데이터로 무장된 디지털 플랫폼 사업자들은 다양한 산업에 쉽게 진출할 수 있다. 가치사슬을 구축해야 하는 전통 기업과는 매우 다른 전략을 구사할 수 있는 것이다. 이것이 바로 디지털 플랫폼 모델의 힘이다. 사람들이 모이고 하나의 플랫폼으로 자리를 잡으면 사업 기회는 무수히 많아진다. 스마트폰의 개발로 인해 디지털 플랫폼 모델 비즈니스를 하기 위한 비용은 크게 떨어졌다. 디지털 플랫폼 모델은 이제 물적 기반이 아닌 아이디어 하나로도 시작할 수 있다. 디지털 혁신 시대에 비즈니스 모델을 구축할 때는 플랫폼화가 가능한지를 살피는 것이 중요하다. 결국 정보통신 기술의 비약적 발전으로 발생한 3차 산업혁명 시대까지 정의되었던 산업의 구분은 현재 무너지고 있다.

Part 2에서 자세히 설명했듯이 특정 산업에서 디지털 서비스를 제공하는 디지털 플랫폼 모델을 가지고 있는 회사가 다른 산업으로 확장해서 수직적 산업 서비스를 추가하는 경우가 일반적인 지능 기업의 전략이 될 것이다. 이렇게 플랫폼이 산업을 넘나들며 수평적 산업 서비스와 수직적 산업 서비스를 제공하면서 확장·진화해가는 모델을 '하이브리드 모델'이라 표현한다. 산업 융합이 기업에서는 하이브리드 모델의 형태로 나타나게 된다. 뱅크샐러드를 설립하고 이끌고 있는 김태훈 대표와의 인터뷰에서도 이 점은 명확히 드러났다.

> "우리는 개인 고객을 중심으로 금융 데이터를 분석해서 그 개인 고객에게 최적화된 서비스를 디지털 플랫폼을 통해서 제공합니다. 여기서 중요한 점은 플랫폼을 통해서 고객과 끊임없이 소통하며 고객의 요구나 피드백을 기반으로 지속적으로 디지털 서비스를 만들어낸다는 점이지요. 그러므로 우리는 고객의

건강·의료 정보나 자동차 구매 정보들을 고객 개인 관점에서 분석해서 기존의 디지털 플랫폼을 이용하면 보험 영역이나 중고차 시장으로도 들어갈 수 있다고 봅니다. 물론 고객의 피드백이 그러한 디지털 서비스가 필요하다고 저희에게 분명히 얘기하고 있다고 판단될 때이겠지요."

여기서 우리는 지능 기업의 또 하나의 두드러진 특징을 발견할 수 있다. 즉 디지털 서비스가 고객 또는 참여자에 의해서 만들어진다는 점이다. 파트 Part 3에서 인터뷰들을 보면, '마보'의 유정은 대표, '뱅크샐러드'의 김태훈 대표, '두산중공업'의 송용진 부사장, '웅진씽크빅'의 이재진 대표 등 거의 모든 인터뷰에서 이 부분이 강조되었다.

명상 디지털 플랫폼인 마보의 예를 들어보자. 마보는 마음챙김 명상 프로그램을 상황별로 디지털 서비스로 만들어 플랫폼으로 제공하는데, 고객의 질문과 피드백을 통한 상담이나 명상 콘텐츠가 다시 5분에서 20분 정도의 디지털 서비스로 제공된다. 지속적인 쌍방향 소통이 이 플랫폼의 핵심으로 고객이 많은 피드백을 주고 활발한 활동을 할수록 거기서 얻어진 통찰력을 바탕으로 지속적으로 명상 디지털 서비스가 만들어진다. 위에서 언급했던 뱅크샐러드도 마찬가지다.

지금까지 이야기한 지능 기업의 모습을 다시 한 번 생각해보자.

첫째, 글로벌하고 전문화된 가치사슬을 가지고 있어서 전 세계의 최적의 장소에 전문화된 서비스 센터를 가지고 각 국가의 프로세스들을 지원한다. 둘째, 가치사슬과 연동된 디지털 플랫폼 모델로 전 세계의 가치사슬 고객들에게 디지털 서비스를 제공한다. 셋째, 축적된 데이터와 사용자들을 바탕으로 새로운 산업에 디지털 서비스를 제공하여 디지털 세계에서 산업의 경계를 허문다. 넷째, 최신의 디지털 기술로 무장한 지능 체계를 가지고 전 세계의 고객들이나 시장에 실시간으로 반응하는 기업의 모습을 보게 된다. 그리고 실제로는 이 모든 것이 기업 임직원 개인과 고객·사용자 개인의 손에 있는 모바일 디바이스에서 시작되는 모습을 보게 될 것이다. 그 개인이 어디에 있던지 상관없이 말이다.

기업의 경영자들은 디지털 혁신과 디지털 기술의 빠른 진화에 더욱더 관심을 가져야 한다. 가치사슬 모델과 달리 디지털 혁신은 그 자체가 디지털 플랫폼 모델이나 지능 체계이기 때문이다.

PART 5

# 기업과 경영 혁신,
# 어떻게 준비할 것인가

전통 기업이 가치사슬 모델, 디지털 플랫폼 모델, 그리고 지능 체계를 갖춘 지능 기업으로 전환해나가기 위해서는 끊임없는 변화와 혁신을 해야 한다. 최근까지 한국 기업들의 혁신 활동은 프로세스 혁신을 통한 운영 효율성 개선에 많이 치중됐다. 이러한 편중된 혁신은 과거 한국 기업들의 '빠른 추격자' 경영 전략에 기인한다. 그러나 디지털 혁신의 시대에는 창의적인 비즈니스 모델 혁신이 그 중심이 된다. 디지털 플랫폼 모델이 대표적인 예다. 그러나 디지털 혁신의 시대에도 프로세스 혁신은 여전히 중요하다. 프로세스 혁신과 비즈니스 모델 혁신은 동전의 양면과 같다. 비즈니스 모델 혁신은 창의적이고 전략적이지만 프로세스 혁신이 뒷받침되지 못하면 기업의 변화를 이끌어낼 수 없다. 프로세스 혁신 없이는 비즈니스 모델 혁신이 실행되지 않기 때문이다.

# CHAPTER 1

# 미래를 향한 여행의 시작과
# 혁신의 역할

디지털 기술의 급격한 발전으로 열린 디지털 혁신 또는 4차 산업 혁명 시대에서 기업들은 완전히 새로운 경영 환경을 맞게 됐다. '변화와 혁신'이 단순히 지속적인 성장을 위한 활동이 아니라 생존을 위한 필수 조건이 된 것이다. 앞에서 디지털 혁신과 새로운 지능 기업의 모습에 대해서 많은 논의를 했다. 여러 번 강조되었지만 지능 기업으로 회사를 바꿔나가기 위해서는 '변화와 혁신'은 필수적이다.

전통 기업이 글로벌하고 전문화된 가치사슬 모델과, 디지털 플랫폼 모델, 그리고 지능 체계를 갖춘 지능 기업으로 전환해가는 것은 쉬운 일은 아니다. CEO의 분명한 전략과 의지가 있어야 하며, 임직원들의 실행 역량과 변화에 대한 의지 또한 필수적이다. 전통 기업은 지능 기업의 모습을 달성하기 위해서 끊임없이 변화하고 혁신해야 한다. 지속적인 혁신은 쉬운 일이 아니다. 과거에 많은 기업들이 혁신 활동을 해왔고 그중에는 성공한 회사도 많았지만 실패한 회사도 많았다. 디지털 혁신을 통해서 지능 기업의 모습을 달성하려면 많은 시행착오와 노력이 필요하다.

디지털 혁신도 혁신이다. 즉 디지털 플랫폼 모델과 지능 체계를 포함한 새로운 미래의 지능 기업을 설계하기 위해서 기업은 여전히 전략을 수립하고, 혁신하고, 변화를 관리해야 한다.

Part 5에서는 혁신의 기본을 다시 한 번 논의해보자. 여전히 기업은 미래 지능 기업의 모습을 '변화와 혁신'을 통해서 달성할 것이기 때문이다.

# CHAPTER 2

# 혁신의 정의와
# 사회적 의미

본격적인 경영 혁신에 대해 논의하기 전에 이번 Chapter에서는 '혁신' 자체에 대해서 그 정의 및 사회적 의미를 알아보기로 한다. 혁신은 기업이 새로운 기술에 더해 시장 또는 비즈니스에 대한 통찰력을 불어넣는 것이다.

새로운 기술에 뒤지면 경쟁에서 뒤떨어지는 회사라는 인식은 이미 암묵적으로 합의된 것이다. 하지만 연구개발 등을 통해 최신 기술로 무장한 회사들 모두가 훌륭한 회사로 평가되는 것은 아니다. 신기술이 변화의 중요한 동력이라는 점은 의심할 바 없지만, 기술을 활용하여 기업을 혁신할 수 있는 실행력과 실행을 뒷받침할 문화가 없으면 신기술 연구는 부차적인 요소일 뿐이다.

혁신에 있어서 발명과 혁신을 혼동해서는 안 된다. 발명은 혁신이 아니다. 아무리 훌륭한 발명도 그 자체로는 획기적인 변화를 이끌어내지 못한다. 오늘날 미국, 유럽, 일본에서 발명되는 건수가 해마다 백만 건이 넘는다. 하지만 대부분의 발명은 발명 그 자체로 끝나버리는 경우가 많다. 발명이나 기술의 개발이 그 시대에 부합하는 일종의 통찰력과 어우러지고 반영되어, 사회 전반에 큰 변화를 이끌어내는 것이 혁신이다.

발명Invention과 혁신Innovation의 차이점을 보여주는 이야기가 있다. 토머스 에디슨의 회사가 미국 인디아나주 와바쉬에 최초의 전기 가로등을 설치한 지 140년이 흘렀다. 전기·전구의 개념은 이미

그림 5-1 ◆ **혁신의 정의**

혁신의 메커니즘

새로운 기술과 프로세스

**+**

변화

시장 또는
비즈니스에 대한 통찰력

• **기술 개발만으로는 경쟁력 및 가치 증대를 제공해주지 못함**
  시장에 대한 이해를 기초로 한 올바른 전략, 계획 실행의 일관성, 실행을 뒷받침할 문화가 병행되어야 함

• **혁신은 발명과 구별되어야 함**
  전세계적으로 매시간 100개 정도의 새로운 발명이 이루어지나, 그 자체로는 획기적 변화를 이끌어내지 못함

혁신은 새로운 기술이나 프로세스에 시장 또는 비즈니스에 대한 통찰력을 불어 넣어 획기적 변화를 이끌어내는 것이다.

최초의 가로등이 설치되기 몇 년 전에 발명된 것이었지만, 혁신은 이것이 전 세계의 거리를 밝히고 모두가 전기 스위치를 켜고 끄는 것이 일상화되어 진가를 발휘할 때였다. 이는 전 세계에 이 발명이 창출할 수 있는 가치가 무엇인지를 보여주었다. 이러한 혁신은 근무 시간 연장, 일자리 창출 등의 경제적인 부분만이 아니라, 문화·사회 전반에 걸친 획기적인 삶의 변화를 가져왔다. 기술(전기·전구 기술)과 비즈니스 통찰력(가로등)의 결합이 가치 있는 혁신을 만드는 것이다.

글로벌, 디지털 추세가 가속화되면서 예측하기 어려운 경영 환경에서 기업들 또한 혁신에 힘쓰고 있다. 기업들은 그들의 고객의 기대에 부응하기 위해 새롭고 차별화된 방법을 모색하고 있다. 변화는 언제 어디서나 있었다. 오늘날 그 변화의 속도는 갈수록 빨라지고 있다. 기존의 발상과 방법으로는 이 변화에 능동적으로 대응할 수 없다. 혁신이 필요하다. 혁신은 그 변화를 능동적으로 대처하게 하는 힘이자 더 나은 미래를 향한 희망이다.

# CHAPTER 3

/

# 기업과
# 경영 혁신의 과제

좀 더 협의의 정의로, 기업들이 경영 환경의 변화에 대응하여 프로세스, 기존의 일하는 방법, 비즈니스 모델 등을 바꾸는 것을 '경영 혁신'이라고 통칭한다. Chapter 2에서는 사회적 관점을 포괄하는 거시적인 측면에서 혁신에 대하여 논의했으나 지금부터는 경영 혁신, 즉 경영 환경하에서의 혁신에 대한 이야기로 주제를 좁히고자 한다. 하지만 이렇게 잘 알려져 있고 중요한 '경영 혁신'도 막상 실현하고자 할 때는 어려운 경우가 많다. 기업 역시 경영 혁신을 위해 많은 노력과 비용을 투자하지만 실패하는 경우가 생긴다. 그만큼 실현하기 힘들다는 뜻이다.

경영 혁신에 대해서 좀 더 깊숙이 논의해보자. 그러나 본격적으로 경영 혁신에 대해서 이야기하기 앞서 성장의 중요성에 대해서

짚고 넘어가고자 한다. 대부분의 기업이나 CEO 들에게 성장은 항상 가장 주요한 안건이다. 성장의 중요성은 아무리 강조해도 지나치지 않다. 하지만 매출 증대가 매우 중요하더라도 비용 절감 또한 그에 필적할 만큼 중요하며, 리스크 관리도 계속해야 한다. 오늘날의 CEO들은 비용에 대한 철저한 통제를 유지하면서 동시에 회사가 성장을 위한 길로 갈 수 있도록 이끌어야 하는 양면 도전에 직면하고 있다. 이러한 도전에 직면한 기업들은 '혁신'을 통한 성장을 기회라고 생각한다. 성장을 이끌어내고 비용을 관리하면서 그 성장을 계속 유지시켜갈 수 있는 역량이 경영 혁신에서 온다는 것이다.

## 경영 혁신의 일반적인 방향성

경영 혁신은 크게 네 가지 방향성으로 계획되고 실행되어야 한다. 그 하나하나에 대해서 간략히 알아보자.

혁신은 글로벌 관점에서 이루어져야 한다 : 국내 시장에서만 활동하고 있는 국내 기업이라 해도 국내에 들어와 있는 외국 기업과도 경쟁해야 한다. 모든 기업이 글로벌 사례를 연구하고 벤치마킹해야 하는 배경이다.《뉴욕 타임스》의 칼럼니스트인 토머스 프리드먼은 오늘날의 세계를 '평평하다'고 표현한다. IT 기술과 통신

**그림 5-2 ◆ 경영 혁신의 방향**

경영 혁신이란?

경영 환경의 변화에 대응하여
기업 경영의 목적을 달성하기 위해
기존의 일하는 방법과 비즈니스
모델 등을 획기적으로 바꾸는 것

- 글로벌 관점의 견지
- 협업 중시
- 고객에 대한 이해 기반
- 전사적 규모의 추진

경영 혁신은 글로벌 관점에서, 협업을 통해, 고객에 대한 이해로부터, 전사적으로 이루어져야 한다.

기술에 의해 하나로 연결된 세계에서는 시간과 지역에 상관없이 다양한 혁신 사례들이 빠르게 공유되고 있다. 따라서 세계의 모든 기업 그리고 개인조차도 글로벌 환경에서 경쟁하기 위해서 끊임없이 혁신하는 역량을 갖추어야 한다.

혁신은 협업을 통해서 이루어져야 한다 : 혁신은 기술의 빠른 진화로 인해 빠른 속도로 일어날 것이며, 한 분야에서 독자적으로 이루어지는 것이 아니라, 상호 협업에 의한 새로운 가치 창출을 시도하는 형태로 전개될 것이다. 기업은 위와 같은 혁신을 위해 스타트업이나 해외 기업 등과 같은 다양한 기업과 협업해야 한다. 협업 생태계 구축을 통해 성공한 사례로 앞에서 소개한 '몰스킨'이 있다.

<u>혁신은 고객으로부터 나와야 한다</u> : 고객이 원하는 것을 충족시키지 못하고 고객을 이해하지 못한다면 혁신은 이루어질 수 없다. 경영 혁신을 이룬 사례들을 보면, 고객에 대한 이해를 바탕으로 한 비즈니스 전략이 기술과 맞아 떨어져 성공한 것을 볼 수 있다. 시장의 수요를 창출하는 것도 고객이고, 혁신을 이끌어가는 주체 또한 고객이기 때문이다. 앞의 뱅크샐러드나 마보의 사례에서 보듯이, 디지털 플랫폼을 가지고 있는 많은 스타트업은 고객의 피드백을 기초로 지속적으로 디지털 서비스를 만들어나간다. 조금 과장해서 말하면, 고객들이 플랫폼에서 실시간으로 디지털 서비스를 설계하고 있다고 이야기할 수 있다. 그러므로 전통 기업도 기술에 바탕을 둔 비즈니스 전략을 수립할 때 고객을 기본으로 해야 한다.

<u>혁신은 전사적으로 이루어져야 한다</u> : 혁신은 CEO 단독의 생각만으로 이루어지는 것도 아니고, 한 사원의 아이디어만으로도 이루어지기 어렵다. 혁신은 CEO부터 사원까지, 기획 프로세스에서부터 영업 프로세스까지, 전사적으로 이루어져야 한다. CEO가 리더십을 발휘하여 혁신적인 비전과 전략을 수립하면, 이것이 전사적으로 공유되어야 하고 혁신을 위한 문화가 조성되어야 한다. 이러한 혁신 문화 조성의 핵심은 비전과 목표의 공유다. 이처럼 조직 곳곳에 혁신하는 문화를 조성하기 위해서 매우 중요한 것이 커뮤니케이션이다.

## 경영 혁신의 유형

경영 혁신은 크게 세 가지로 분류될 수 있다. 세 가지 유형으로는 상품과 서비스에 혁신을 불어넣는 제품 및 서비스 혁신, 운영적인 측면에서 혁신을 불어넣는 프로세스 혁신, 그리고 회사의 사업 모델에 혁신을 불어넣는 비즈니스 모델 혁신이다.

　이 중 한국은 특히 프로세스 혁신을 통한 운영 효율성 개선에 치중해왔다. 이는 한국의 과거 산업의 특징에서 기인한 것으로, 창의적인 제품·서비스 혁신이나 비즈니스 모델 혁신보다는 공정이나 프로세스 혁신이 주를 이루었기 때문이다. 그러나 운영 효율성을 개선하여 가격 경쟁력을 확보하고 생산성을 향상시키는 것에는 한계가 있다. 글로벌 경쟁, 기술의 발전 등으로 가격은 계속 하락 추세에 있기 때문이다. 세 가지 유형의 경영 혁신에 대해서 간략하게 알아보기로 하자.


　제품 및 서비스 혁신 : 제품들이 차별화를 획득하지 못한 시점에서 기능, 특징, 비용, 가용성 등에서 돋보이는 제품을 개발하여 적절한 시점과 장소에 출시하는 것이 제품 및 서비스 혁신이다. 제품·서비스 혁신은 시장 침투에서 지속적인 제품 개선, 채널 활성화에 이르기까지 다양하게 이루어진다. 제품·서비스 혁신은 여전히 경영 혁신의 기본 요소로 자리잡고 있다.

<u>프로세스 혁신</u>PI: Process Innovation : 프로세스 혁신은 PI라고도 불리는데, 한국에서 ERP를 도입할 때 기존의 프로세스를 새롭게 정의하고 일하는 방식 자체를 바꾸는 목적으로 많이 시행되었다. 재무 인사 관리, 제품 개발, 생산 관리, 물류, 고객 관리 등이 대표적인 기업의 프로세스들이다. 프로세스 혁신은 국내 기업들에게는 PI라는 용어로도 잘 알려져 있으며 많은 국내 기업들이 적극적으로 프로세스 혁신을 실행하여 국내 기업들의 글로벌 경쟁력을 갖추는 데 큰 역할을 했다.

<u>비즈니스 모델 혁신</u> : 혁신을 실현하는 새로운 기술과 기법이 기업의 프로세스만 바꾸는 것은 아니다. 산업의 전문성과 프로세스 전문성을 바탕으로 비즈니스 환경의 변화에 대응하는 새로운 비즈니스 모델을 구상하는 것이 비즈니스 모델 혁신이다. 비즈니스 모델 혁신은 기업의 사업은 물론 사회와 경제에 영향을 미칠 수도 있다.

비즈니스 모델 혁신은 앞에서 중점적으로 다루었고 이 책의 목적으로 매우 강조되었기 때문에 프로세스 혁신이 소홀히 취급될 수 있다. 그러나 디지털 혁신의 시대에서도 프로세스 혁신은 여전히 매우 중요하다. 프로세스 혁신과 비즈니스 모델 혁신은 동전의 양면과 같다. 프로세스 혁신 없는 비즈니스 모델 혁신은 기업의 변

화를 이끌어내지 못한다.

　비즈니스 모델 혁신은 창의적이고 전략적인 반면, 프로세스 혁신은 지루하고 쉽지 않아 보인다. 하지만 프로세스 혁신 없이는 비즈니스 모델 혁신도 가능하지 않다. 프로세스 혁신 없이는 비즈니스 모델 혁신이 실행되지 않기 때문이다. Chapter 4에서 프로세스 혁신PI에 대해서 다시 한 번 정리해보자.

# CHAPTER 4

# 프로세스
# 혁신의 과제

다양한 운영 및 프로세스 혁신과 관련된 기법 중 한국에서 많이 알려진 주요 방법론으로는 'BPR' 그리고 '프로세스 혁신PI' 등이 있다. BPR Business Process Reengineering 은 1990년대에 운영비용 절감과 효율성에 대한 관심이 증가하면서 한국에 널리 알려졌다. 프로세스의 재설계를 통해서 비용절감, 품질 및 서비스 개선 등을 목표로 하는 방법론이라고 할 수 있다. 그러나 BPR 방법론은 조직·계층 간, 그리고 기능·부문 간 통합성이 부족하여 프로세스, 시스템, 조직 간에 균형 있게 변화하지 못하여, 2000년대에 ERP와 함께 부상한 전사 차원의 혁신 활동에도 미흡했다.

프로세스 혁신은 1990년대 후반부터 본격적으로 전개되었다. 1990년대에 SAP의 등장과 함께 ERP를 기반으로 선진 사례들을 벤치마킹하면서 프로세스 혁신 활동이 활발해졌다. 특히 선진 사례는 프로세스와 데이터의 글로벌 표준화에 많은 도움을 주었다. 한국 기업들의 글로벌화와 발맞추어 기업 프로세스에 글로벌 표준을 도입하는 데 큰 역할을 했다. 2000년대 들어서는 프로세스만이 아니라 전략, 조직, IT 등과 연계한 통합된 접근법이 프로세스 혁신의 주된 흐름으로 자리 잡게 되었다.

그림 5-3 ◆ 프로세스 혁신: 전사 혁신을 통한 기업 성과 향상

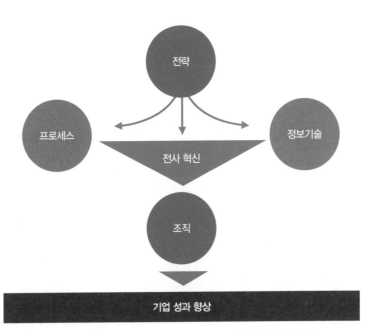

성과 개선 목표를 달성하기 위해 프로세스, 조직, 제도에 걸쳐 통합적 혁신을 추구한다.

프로세스 혁신은 기업의 현재 조직, 프로세스, 시스템이 기업의 현재와 미래의 요구를 충족시키지 못하는 상황에 대응하기 위한 혁신 방법이다. 기업 성과 향상을 목적으로 기업의 일하는 방법을 변화시키는 게 목표다. 기업 내 전 부분에 걸친 혁신을 통해 기업 가치를 높이기 위한 방법인 것이다. 단순하게 업무 프로세스만을 바꾸는 방법이 아니다. 프로세스에 중점을 두면서 전략, 기술, 조직 등을 모두 고려한다. 기업 전 부문에 걸쳐서 비효율적이고 복잡한 조직, 업무, 제도를 혁신해서 고객 중심의 투명하고 빠른 경영 시스템을 구축하는 것이 목표다.

프로세스 혁신의 주요 추진 목표는 다음의 다섯 가지로 이야기할 수 있다.

- 회사의 비정형적인 프로세스들을 표준화한다.
- 프로세스를 최적화한다.
- 정보시스템을 글로벌 표준에 맞게 구축한다.
- 조직원의 역량을 강화한다.
- 투명하고 빠른 경영 체계를 구축한다.

프로세스 혁신은 전사적 혁신 방법으로 프로세스, IT 그리고 조직들의 통합적 접근 방식을 통해서 기업 전체의 성과 개선을 목표로 하고 있다. 프로세스 혁신은 이에 따라 IT 시스템을 활용하는 방식이 과거의 시스템 중심의 프로젝트 추진 방식에서 프로세스 중심의 프로젝트 추진 방식으로 변화했다. 시스템 중심의 프로젝트는 프로세스의 자동화에 중점을 둔다. 그러므로 경영 성과의 개선 정도가 상대적으로 적은 편이다. 반면에 프로세스 중심의 프로젝트는 성과 개선 목표를 달성하기 위해 프로세스, 조직, 제도, IT에 걸친 통합적인 혁신을 추구하는 성과 주도식 경영 혁신이다.

성공적으로 프로세스 혁신을 한 사례들을 살펴보면 프로세스 혁신 추진의 주요 성공 요인은 다음과 같이 다섯 가지로 요약해볼 수 있다.

프로세스 중심 변화 : 회사의 전략에 대한 이해를 바탕으로 혁신의 방향성을 수립한다. 혁신의 방향성은 프로세스를 중심으로 조직과 시스템의 변화로 정의한다. 이러한 전략과 연계하여 미래의 변화된 모습에서 핵심 지표를 설정하고 그 결과를 측정하여 지속적인 개선을 추구한다.

전사 관점의 통합 : 전사 차원의 프로세스 혁신은 대규모 시스템 구축을 동반한다. 전사 차원의 프로세스 혁신을 위해서는 전사 입장의 기획 조정 기능을 가진 프로그램 사무국PMO: Program Management Office이 필요하다. 중앙 집중화된 프로그램은 목표와 비즈니스 효과에 대해 효율적인 커뮤니케이션을 가능하게 하고, 프

로그램의 조정을 통해 지속적이고 안정적인 시스템 구현을 가능하게 한다. 결과적으로 전 조직에 걸쳐서 프로세스 및 데이터의 표준이 공통적으로 적용되고 가격, 시간 등으로부터 발생하는 리스크를 줄일 수 있는 효과를 가져온다.

현업 주도의 프로젝트: 프로세스 혁신 목표 달성의 주체는 현업의 실무자들이다. 그러나 과거 프로젝트 경험에 비추어보면 목표 프로세스의 명쾌한 정의에도 불구하고 변화의 수용, 책임의식 등 현업 주도의 변화를 이끌어내지 못해 프로젝트가 결국 실패하는 경우를 볼 수 있다. 프로세스 혁신의 성공은 '현업의 참여와 책임감을 통한 현업 주도 방식의 혁신이 제대로 이루어질 수 있느냐?'에 달려 있다. 이를 위해서는 현업 주도의 추진 조직이 구성되어야 한다.

명확한 목표 설정: 현업 주도의 추진 조직이 목표 프로세스를 설계하면 프로세스 단위의 성과를 측정·평가할 수 있는 핵심 지표 체계를 갖추어야 한다. 그리고 이 핵심 지표와 프로세스 간의 인과관계를 정의하고 핵심 지표별로 재무적 효과를 측정함으로써 프로세스별로 어느 만큼의 효과를 얻을 수 있는지 측정한다. 프로세스별 주요 핵심 지표를 설계 시에 현행 핵심 지표 조사 및 선진사례 등을 통해 고객에 적합한 핵심 지표를 선정하게 된다.

실행 중심의 변화 관리 : 대규모의 변화를 성공적으로 실행하기 위해서는 회사의 모든 측면(전략, 조직, 프로세스 그리고 기술)에 대한 고려가 필요하다. 전략 측면에서는 고객과 시장의 요구를 파악하고, 기업이 시장에 제공하는 제품·서비스에 미칠 변화의 영향에 대해 고려해야 한다. 조직 측면에서는 변화를 수행하기 위한 조직과 변화 이후의 조직에 대해 고려하며, 현행 임직원들의 역량을 파악하고 향후 변화에 따라 요구되는 새로운 역량에 대해 검토한다. 프로세스 측면으로는 현행 업무처리 방식과 향후 새로운 업무처리 방식에 대한 고려가 필요하다. 기술적으로는 프로세스 지원에 요구되는 현행 정보 기술과 향후 정보 기술에 대해 고려해야 한다.

# CHAPTER 5

# 현재와 미래,
# 기업의 변화와 혁신

지금까지 '경영 혁신'과 '프로세스 혁신'에 대해서 논의했다. 그렇다면 디지털 혁신과 4차 산업혁명 환경하에서 여전히 경영 혁신은 기업 경영의 핵심 안건인가? 대답은 당연히 "더욱 그렇다"이다. 2016년 미국 코넬대학교, 프랑스 인시아드대학교, 세계지적재산권기구, A.T. 커니 등이 함께 글로벌 CEO들을 대상으로 한 GII Global Innovation Index 연구조사 결과를 보면 글로벌 CEO들도 대부분 같은 생각을 하고 있다는 것을 알 수 있다. 연구조사 보고서의 주요 내용은 두 가지로 요약된다. 우선은 디지털 혁신의 환경하에서 기업 경영에 혁신의 역할은 더욱 중요해질 것이라는 점이며, 다음은 비즈니스 모델 혁신이 더욱더 강조될 것이라는 점이다.

앞에서도 논의한 바와 같이 한국 기업들의 혁신 활동은 프로세스 혁신을 통한 회사의 운영 효율성 개선에 많이 치중됐다. 이러한 편중된 혁신은 과거 한국 기업들의 '빠른 추격자' 경영 전략 때문에 발생했다. 그러나 디지털 혁신 환경하에서는 프로세스 혁신만으로는 한계가 있다. 디지털 기술의 등장으로 전통 기업들은 새로운 경영 환경, 새로운 산업, 그리고 창의적이고 일반적이지 않은 새로운 경쟁자들과 경쟁하기 때문이다. 특히 스타트업들은 디지털 플랫폼 모델을 무기로 급성장하고 있다. 디지털 혁신 시대의 경영 혁신은 창의적인 비즈니스 모델 혁신이 그 중심이 된다.

디지털 혁신 환경하에서의 경영 혁신(디지털 경영 혁신)이 앞서 설명했던 기존의 경영 혁신과 다른 점은 무엇인가? 기본적으로 앞에서 논의했던 혁신의 방향성이나 주요 성공 요인들은 다를 것이 없다. 그러나 내용 면에서는 많은 차이가 있다. 미래의 지능 기업을 구성하는 다양한 모델들, 즉 글로벌하고 전문화된 가치사슬, 데이터 중심의 디지털 플랫폼 모델, 지능 체계 등을 포함하는 혁신이 되어야 한다.

기업이 디지털 경영 혁신을 실제로 추진한다고 가정하면 구체적인 실행 전략이 필요하다. 기업이 디지털 혁신의 파도에서 경영 혁신을 성공적으로 실행하는 것은 쉽지 않은 일이다. 그러므로 기업은 다음과 같은 구체적인 실행 전략을 수립하고 실행해야 한다.

• 디지털 혁신에 따른 기업 경영 환경 변화에 대한 명확한 이해

- 디지털 혁신에 대응하는 전사 전략 방향 수립
- 디지털 전사 전략 방향에 기반한 디지털 비즈니스 모델 수립
- 디지털 전략과 디지털 비즈니스 모델을 실행할 수 있는 프로세스 혁신과 역량의 구축

새로운 디지털 기술들을 이용한 기업의 혁신 방향은 크게 두 가지로 볼 수 있다. 첫 번째 축은 경영 전략과 비즈니스 모델 관점이다. 새로운 디지털 기술들은 과거에는 없던 새로운 사업 영역을 만들고 있다. 아이디어와 디지털 기술이 결합하면서 새롭게 부상하고 있는 '디지털 플랫폼 모델'은 물리적 인프라가 없이도 급격한 성장을 이룰 수 있다. 전통 기업도 전략 수립 시 적극적으로 데이터 중심의 디지털 플랫폼 모델을 어떻게 기존의 사업과 병행할 것인지를 생각해야 한다. 이미 우리는 Part 1의 Chapter 6에서 전통 기업이 기존의 가치사슬 사업을 활용하여 디지털 플랫폼을 구축하여 새로운 지능 기업으로 변모해나갈 수 있는지에 대해서 자세히 다루었다.

디지털 기술들을 이용한 경영 혁신의 다른 한 축은 디지털 기술을 활용하여 프로세스 혁신을 효과적으로 수행하는 것이다. 전통 기업들이 '새로운' 디지털 플랫폼 영역으로 사업을 확장하면 이를 뒷받침할 새로운 역량이 필요하다. 기존 가치사슬 모델에 디지털 기술을 접목해 다양한 경쟁우위를 취하려고 할 때도 마찬가지

그림 5-4 ◆ 전사 디지털 경영 혁신 추진 방법

| 디지털 경영 혁신 추진 방법 |
| --- |

❶ 디지털 혁신에 따른 기업 경영 환경 변화에 대한 명확한 이해

❷ 디지털 혁신에 대응하는 전사 전략 방향 수립

❸ 디지털 전사 전략 방향에 기반을 둔 디지털 비즈니스 모델 수립

❹ 디지털 전략과 디지털 비즈니스 모델을 실행할 수 있는 역량의 구축

| 전사 디지털 경영 혁신 모델 |
| --- |

다. 또한 이와 같은 혁신을 통해서 나오는 많은 데이터를 효과적으로 활용하여 시장에 빠르게 대응할 수 있는 지능 체계도 구축해야 한다.

두 번째 측면인 디지털 기술을 활용한 경영 혁신에 대해 좀 더 논의해보자. 기업은 디지털 기술을 활용하여 기업의 프로세스 혁신을 더욱 적극적으로 실행해야 한다. 새롭게 등장한 디지털 기업만 아니라 디지털로 무장하고 있는 기존 경쟁사와의 경쟁을 위해서도 필수적이다. 인공지능, 빅데이터, IoT, 블록체인 등 개별 디지털 기술들에 대한 적극적인 연구를 통해서 기업 경영상 기회나 위협이 될 수 있는 트렌드를 파악하고 기술의 변화를 예측하여 사업이나 상품에 적용해야 한다. 또한 이와 같은 혁신을 통해서 나오는 많은 데이터를 효과적으로 활용하여 시장에 빠르게 대응할 수 있는 분석 체계를 구축해야 한다. 디지털 기술을 활용한 분석 체계는 향후 지능 기업으로 갈 수 있는 기반이 된다.

한편으로는 기업들이 디지털 플랫폼 모델을 전략적으로 검토해 사업 확장에 나서면 이를 뒷받침할 수 있는 프로세스 및 디지털 기술 역량 등도 새롭게 필요하게 된다. 때로는 디지털 플랫폼 모델을 성공적으로 실행하기 위해서 전사적인 프로세스 혁신을 필요로 하기도 한다.

이와 같이 디지털 혁신 환경하에서 새로운 디지털 기술들을 이용하여 비즈니스 모델 혁신이나 프로세스 혁신을 하는 것을 산업계에서는 '디지털 경영 혁신'이라고 부른다.

전통 기업이 글로벌하고 전문화된 가치사슬 모델과 디지털 플
랫폼 모델, 그리고 지능 체계를 갖춘 지능 기업으로 전환해나가는
것은 쉬운 일이 아니다. 전통 기업은 지능 기업의 모습을 달성하기
위해서 끊임없는 변화와 혁신을 해야 한다. '변화와 혁신'이 단순
히 지속적인 성장을 위한 활동이 아니라 생존을 위한 필수 조건이
된 것이다.

# 지능 기업으로
# 리셋하고 성장하라

이제는 지겹도록 많이 듣는 소리지만 세상은 빠른 속도로 변화하고 있다. 과거 인류 역사를 크게 변화시킨 사건들을 살펴보면 기술의 발전이 그 중심에 있음을 발견할 수 있다. 선사시대 이전 농업혁명부터 4차 산업혁명까지 기술 발달을 통한 생산성 향상은 인류의 삶의 방식을 변화시킨다. 그리고 이러한 혁신적 기술 변화의 주기는 점차 짧아지고 있으며, 더불어 동일한 시대적 배경을 공유하는 세대의 범위도 빠른 속도로 짧아지고 있음을 몸소 느끼고 있다.

다양한 분야의 전문가들이 각자의 분야의 전망을 예측하고 변화를 논하고 있다. 이 책에서는 다양한 시각 중에서도 기업의 비즈니스 모델 관점에서 변화를 저술했다. 특히 디지털 혁신의 핵심 기술인 인공지능, 빅데이터, IoT 등의 기술들을 기업 운영에 적극적으로 도입하고 변화를 주도할 미래의 기업들을 '지능 기업'이라고 정의했다. 세계화와 전문화, 그리고 디지털 플랫폼 모델의 등장에 따라 비즈니스 모델이 급격히 변하고 있다. 우리는 '지능 기업'들이 디지털 혁신을 도입하여 더 민첩하고 스마트하게 이 급변의 시대에 돌파구를 찾을 수 있으리라 기대한다.

이 책에서 소개하는 것처럼 전통적 가치사슬 모델에서 출발한 기업에서부터 신생 스타트업까지 다양한 기업들이 이미 '지능 기업'으로 전환하려는 시도를 하고 있다. 시대의 변화에 적극적으로 대응하는 기업들의 노력을 들여다보며 이들의 큰 성장 및 도약을 기대하게 된다. 인터뷰에 흔쾌히 응해준 기업들에 심심한 감사를 전하며, 이 글을 읽을 독자들과 함께 이들의 성장을 응원하고 주목해보고 싶다.

이미 시중에 미래 전망을 담은 다양한 서적이 나오고 있다. 이 책도 그러한 '미래 전망'을 담은 많은 책 중 하나지만, 기업의 비즈니스 모델에 대해 고민하는 경영인들, 혹은 이에 관심이 많은 다양한 분야의 독자들에게 미약하나마 통찰력을 전달할 수 있기를 바란다. 변화 가속도가 높은 이 시대에 미래 전망을 이야기하는 것이 조금은 무모할 수 있지만 이 책을 읽어주시는 모든 독자들과 함께 열린 마음으로 미래 변화를 지켜볼 수 있어 감사한 마음이다. 마지막으로 책을 읽어주신 모든 독자들에게 큰 감사를 드린다.

# 참고문헌

- 강철구. 2008. "강철구의 '세계사 다시읽기' 18: 16~18세기 유럽경제의 발전 2." 프레시안.

- DMC미디어. 2014. 『모바일 메신저 이용실태 및 의존도』. DMC미디어.

- 이성열, 강성근, 김순신. 2017. 『4차산업혁명 환경하의 디지털 경영혁신』. McGraw-Hill Education Korea.

- 이성열, 염승섭. 2006. 『기업은 혁신을 통해 성장한다』. 한국경제신문.

- 조성일. 2011. "SSC(Shared Service Center)의 트렌드와 시사점." POSRI CEO Report.

- Aurik, Johan, Martin Fabel, and Gillis Jonk. 2015. *The Future of Strategy*. McGraw-Hill Education.

- Brody, Paul. 2017. "How Blockchains and Aritificial Intelligence Will Create Speedy New Digital Markets." *Times of Malta*.

- Friedman, Thomas. 2017.『늦어서 고마워』. 21세기북스.

- Fromhart, Steve, and Lincy Therattil. 2016. *Making Blockchain Real for Customer Loyalty and Rewards Programs*. Deloitte Development LLC.

- Ghemawat, Pankaj. 2007. "Managing Differences The Central Challenge of Globalization Strategy." *Harvad Business Review*.

- Ignatius, Adi. 2017. "The Truth about Globalization". *Harvard Business Review*, Jul-Aug.

- Laudicina, Paul A.. 2012. *Beating the Global Odds*. John Wiley & Sons International Rights, Inc.

- Leibenstein, Harvey. 1950. "Bandwagon, Snob, and Veblen Effects in the Theory of Consumers' Demand." *The Quarterly Journal of Economics*, pp. 183-207.

- Liebowitz, S. J., and S. E. Margolis. 1994. "Network externality: An uncommon tragedy." *Journal of Economic Perspectives*, 8(2), pp. 133-150.

- McAfee, Andrew, and Erik Brynjolfsson. 2018.『머신 플랫폼 크라우드: 트리플 레볼루션의 시대가 온다』. 청림출판.

- Means, Grady, and David Schneider. 2000.『메타 캐피털리즘』. 21세기북스.

- Mearian, Lucas. 2018. *SAP Pilots Blockchain-Based Supply Chain Tracker*. Computerworld.

- Palmasino, Samuel J.. 2006. "The Globally Integrated Enterprise." *Foreign Affairs*.

- Parker, Geoffrey, Marshall Van Alstyne, and Sangeet Paul Choudary. 2017. 『플랫폼 레볼루션: 4차 산업혁명 시대를 지배할 플랫폼 비즈니스의 모든 것』, 부키.
- Perez, Carlota. 2014. *Technological Revolutions and Financial Capital*. Edward Elgar Publishing Limited.
- Tapscott, Don, and Alex Tapscott. 2018. 『블록체인 혁명: 4차 산업혁명 시대를 이끄는 혁신적 패러다임』. 을유문화사.
- Tiwana, Amrit. 2018. 『플랫폼 생태계: 아키텍처, 거버넌스, 전략의 정렬』, 파이터치연구원.
- Wee, Willis. 2013. "KakaoTalk's Growth Chart: Hitting 90 Million Users Soon." *Tech in Asia*.

# 디지털 비즈니스의 미래
## 4차 산업혁명 시대의 플랫폼 혁신 전략

**초판 1쇄 발행** 2019년 5월 20일
**초판 8쇄 발행** 2023년 2월 20일

**지은이** 이성열, 양주성

**발행인** 이재진 **단행본사업본부장** 신동해 **편집장** 조한나
**디자인** 이하나 **교정** 지식산책
**마케팅** 최혜진 백미숙 **홍보** 최새롬 반여진 정지연
**국제업무** 김은정 김지민 **제작** 정석훈

**브랜드** 리더스북
**주소** 경기도 파주시 회동길 20
**문의전화** 031-956-7211 (편집) 031-956-7129 (마케팅)
**홈페이지** www.wjbooks.co.kr
**인스타그램** www.instagram.com/woongjin_readers
**페이스북** https://www.facebook.com/woongjinreaders
**블로그** blog.naver.com/wj_booking

**발행처** ㈜웅진씽크빅 **출판신고** 1980년 3월 29일 제406-2007-000046호

© 2019 이성열, 양주성
ISBN 978-89-01-23098-6 03320